KB047132

4주 만에 끝내는

JPT JLPT 적중문법 LEVEL UP

JPT 700+

JLPT N1·N2

시원스쿨닷컴

JPT
JLPT
적중문법 LEVEL UP

초판 1쇄 발행 2020년 2월 24일
7쇄 발행 2024년 6월 3일

지은이 서경원
펴낸곳 (주)에스제이더블유인터내셔널
펴낸이 양홍걸 이시원

홈페이지 www.siwonschool.com
주소 서울시 영등포구 영신로 166 시원스쿨
교재 구입 문의 02)2014-8151
고객센터 02)6409-0878

ISBN 979-11-6150-314-1
Number 1-311301-18181800-02

머리말

일본어를 대표하는 시험이라고 하면 아마도 JPT와 JLPT일 것입니다. 두 시험은 출제 유형이나 문제 구성 등에서는 다소 차이가 있지만 일본어의 핵심적인 문법 사항들이 출제되고 있다는 공통점이 있습니다.

흔히 문법이라고 하면 딱딱하고 재미없고 어렵다는 이미지를 가지기 쉬운데 꼭 그렇지만은 않습니다. 문법이란 말 그대로 문장의 법칙을 말합니다. 제대로 된 문법 정리 없이 일본어 실력 향상은 있을 수 없다고 해도 과언이 아닐 것입니다. 하지만 기존에 출판된 대부분의 문법 교재들은 일단 두께에서 압도당하고 명료하게 이해하기 힘든 긴 설명, 예문이나 실전 문제 부족 등으로 공부를 하다가 덮어버리게 되는 경우가 다반사입니다.

'어떻게 하면 꼭 필요한 일본어 문법을 이해하기 쉽게 정리할 수 있을까?' 그러한 고민에서 나온 교재가 'JPT・JLPT 적중문법'이라는 교재였습니다. 본 교재는 'JPT・JLPT 적중문법'의 두 번째 교재라고 볼 수 있는데 앞선 교재에서 다루지 못했던 난이도가 높은 문법을 모두 다루고 있으며 유사한 문법 표현은 비교를 통해 완벽하게 구분이 가능하도록 상세하게 설명이 되어 있습니다.

본 교재는 모두 3장으로 구성되어 있는데 각 장별 특징에 대해 조금 설명을 드리고자 합니다. 우선 1장에서는 조동사를 비롯해 경어나 고어 표현까지 학습자들이 평소에 어려워하지만 일본어 시험에서는 핵심적인 문법을 풍부한 예문과 함께 다루고 있습니다. 그리고 각 과마다 확인문제가 있고 네 개의 과마다는 어휘 정리와 함께 10개의 복습문제가 있어 학습한 내용을 최종적으로 다시 한 번 정리하고 넘어갈 수 있도록 구성되어 있습니다.

2장에서는 JLPT N2와 N1에 해당하는 문형 표현들이 60개씩 정리되어 있습니다. 2장도 역시 예문은 물론이고 유사한 표현은 구분법까지 상세하게 설명되어 있으며 열 가지 표현마다 복습문제가 있어 다시 한 번 정리가 가능하도록 구성하였습니다.

마지막 3장은 최종적으로 본인의 실력을 점검할 수 있는 장으로, 지금까지 학습한 내용을 실제 시험과 동일한 형식의 N2 문법, N1 문법, JPT 독해 문제를 통해 확인할 수 있도록 구성되어 있습니다.

위와 같은 본 교재의 내용을 완벽하게 숙지하신다면 더 이상 문법이 두렵지 않으며 실제 시험에서의 고득점도 충분히 가능하리라 생각됩니다. 아무쪼록 이 교재를 잘 활용해 여러 분들의 일본어 문법 능력 향상에 조금이나마 도움이 되기를 진심으로 기원합니다.

저자 서경원

이 책의 특징

CHAPTER 1 핵심 문법 도전하기

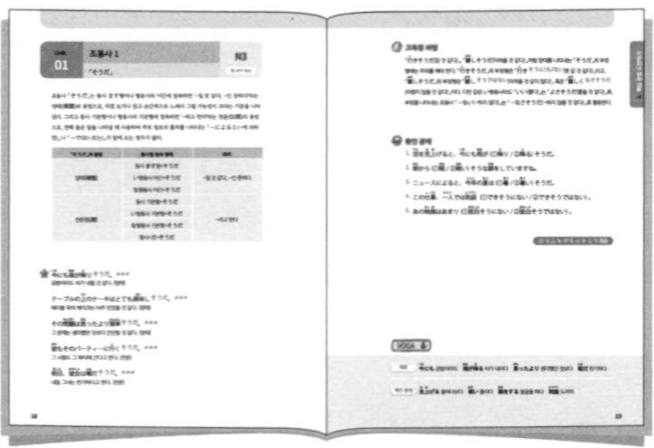

일본어 시험에 꼭 필요한 핵심적인 문법을 배웁니다. 각 Unit에서 자세한 문법 설명과 예문을 다루었고 난이도와 출제 빈도 또한 표시하였습니다. 서경원 선생님만의 고급 스킬인 시험 고득점 비법과 함께 확인 문제를 통해 오늘 배운 문법을 바로 바로 이해할 수 있습니다.

앞서 배웠던 핵심 문법들을 최종적으로 정리하고 복습하는 마무리 학습입니다. '주요 어휘 및 표현 정리 20'으로 지난 Unit에서 등장한 어휘와 표현을 한눈에 정리하고, '복습 문제 10'으로 JPT와 JLPT 시험 유형을 미리 익히며 배운 내용을 문제에 적용하는 연습을 해 봅시다.

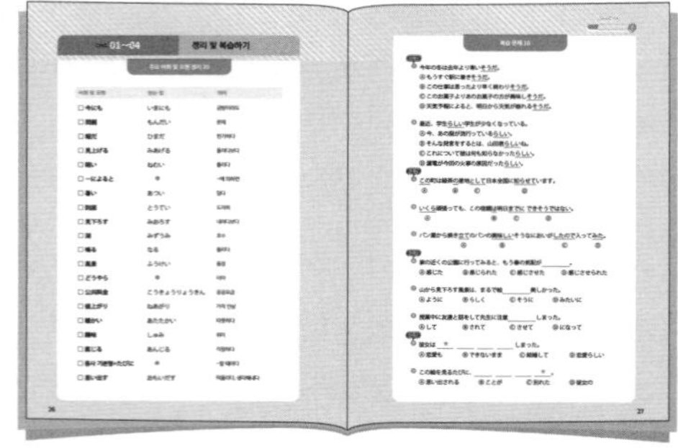

CHAPTER 2 필수 문형 끝장내기

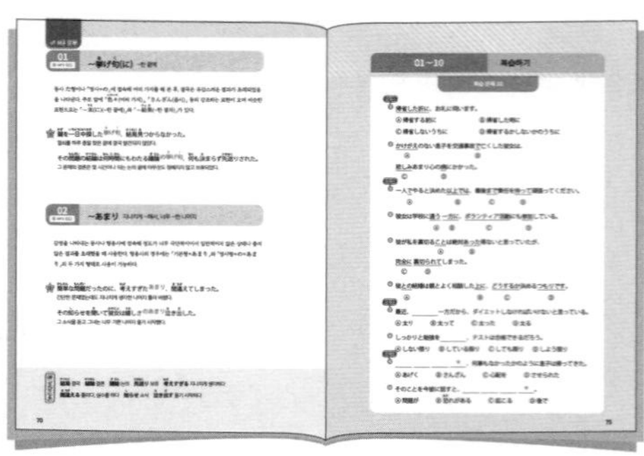

JPT 700점 이상, JLPT N2 이상을 취득하기 위해 꼭 필요한 문형을 배웁니다. JLPT 급수를 기준으로 N2 수준의 문형과 N1수준의 문형으로 나누었고 각 문항별 자세한 설명과 예문으로 쉽게 이해할 수 있습니다. 또한 중간에 '복습 문제 10'이 있어 JPT, JLPT에 대한 감을 익히며 실력 점검을 할 수 있습니다.

복습 문제 10 유형 일람

유형 1 - JPT PART 5(정답 찾기)
문장 중 밑줄이 쳐진 단어나 구절과 같은 의미의 보기를 고르는 문제입니다.

유형 2 - JPT PART 6(오문 정정)
4개의 보기 중 문법상, 혹은 문맥상 어색한 보기를 고르는 문제입니다.

유형 3 - JPT PART 7(공란 메우기), JLPT 문법 형식 판단
주어진 문제의 빈칸에 들어갈 적절한 보기를 고르는 문제입니다.

유형 4 - JLPT 문장 만들기
주어진 보기를 올바르게 배열해서 완전한 문장을 만드는 문제입니다.

CHAPTER 3 실제 시험 대비하기

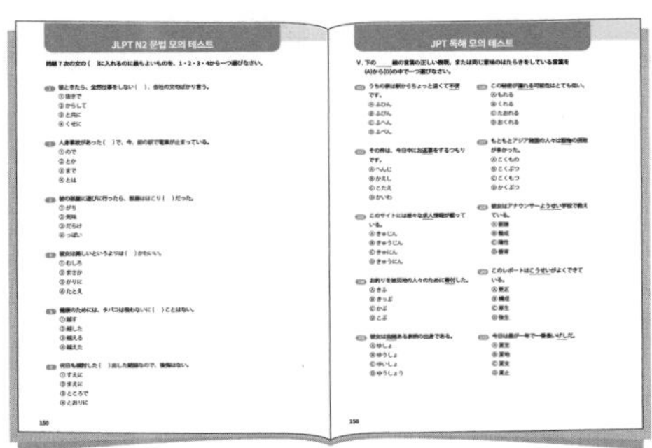

실제 JLPT 유형, JPT 유형과 똑같은 실전 모의고사를 풀어볼 수 있습니다. 모의고사는 JLPT 문법 영역과 JPT 독해 영역으로 구성하였으며, 최근 시행된 실제 시험 경향을 반영하여 출제하였습니다. CHAPTER 1과 CHAPTER 2에서 배운 내용을 떠올리며 문제에 적용하는 연습을 해 봅시다.

<부록>

수험생들이 어려워하는 경어에 관한 내용을 한 눈에 파악할 수 있도록 따로 정리하였습니다. 또한 CHAPTER 1 확인 문제 해석과 복습 문제 10, CHAPTER 2 복습 문제 10 의 정답과 해석을 자세하게 담았습니다. 특히, 실전 모의고사의 단어 중 수험생들이 까다로워하는 단어들은 따로 정리해 놓았으니 단어 학습에 효율을 더할 수 있습니다.

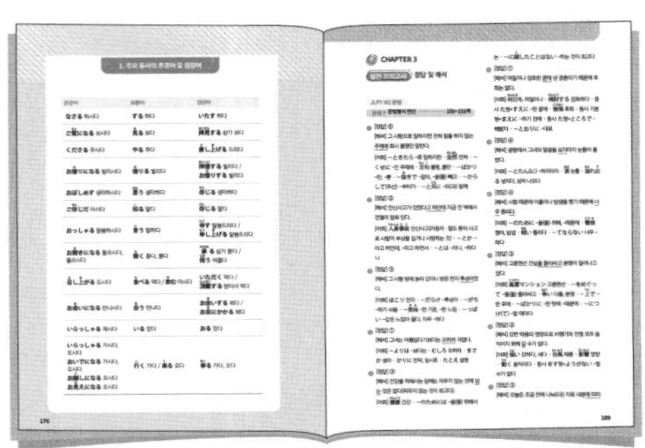

목차

CHAPTER 1 핵심 문법 도전하기

CHAPTER 2 필수 문형 끝장내기

JLPT N2

JLPT N1

CHAPTER 3 실제 시험 대비하기

JPT 시험 개요

JPT란?

JPT 시험(JPT日本語能力試験)이란 국제사회에서의 일본어 커뮤니케이션 능력을 측정하는 시험으로 언어 본래의 능력을 측정하기 위함에 그 목적이 있다. 사용빈도가 낮거나 지역적이며 관용적, 학문적인 어휘는 배제하고 동경(東京)을 중심으로 한 표준어를 대상으로 출제되고 있다. JPT는 급수 없이 하나의 시험에 PART별 난이도를 초급부터 고급까지 일정한 비율로 배분하여 출제함으로써 모든 수험자가 자신의 정확한 일본어 능력을 측정할 수 있게 하였다.

시험의 구성 및 출제유형

구분	유형	시간	문항 수	배점
청해	PART1 사진 묘사	45분	20문항	495점
	PART2 질의 응답		30문항	
	PART3 회화문		30문항	
	PART4 설명문		20문항	
독해	PART5 정답 찾기	50분	20문항	495점
	PART6 오문 정정		20문항	
	PART7 공란 메우기		30문항	
	PART8 독해		30문항	
합계		95분	200문항	990점

JPT 파트별 평가 기준

유형		설명
PART1	사진 묘사	사진이라는 시각적인 수단과 음성 언어를 통하여 청취력 및 순간적인 판단력을 평가할 수 있다.
PART2	질의 응답	간단한 회화 문장의 의미를 파악하여 순간적인 판단 능력을 요구하는 것으로써 상대방의 말이나 물음에 대답을 하여 자신의 생각을 전달할 수 있는지를 평가할 수 있다.
PART3	회화문	회화문을 통해 진행 장면과 이야기 내용 등의 정보나 사실을 짧은 대화 속에서 정확하게 청취하는 능력과 대화에서 결론을 추론해 내는 능력을 평가할 수 있다.
PART4	설명문	설명문을 읽어주고 그것을 바탕으로 한 3~4개의 질문을 제시함으로써 높은 수준의 종합적인 일본어 능력을 평가할 수 있다.
PART5	정답 찾기	한자 및 표기의 올바른 이해와 전반적인 문법, 어휘를 통한 일본어 문장 작성의 기초적인 능력을 평가할 수 있다.
PART6	오문 정정	틀린 곳이나 부적절한 부분을 지적함으로써 단순한 독해력 테스트가 아닌 표현 능력, 즉 간접적인 작문 능력을 평가할 수 있다.
PART7	공란 메우기	불완전한 문장을 문장의 전후 관계를 정확히 파악해 완전한 문장으로 완성시킴에 따라 표현력과 문법 그리고 간접적인 작문 능력을 평가할 수 있다.
PART8	독해	표면적인 이해력보다는 문자를 통해 정보를 얼마나 빨리 그리고 정확하게 파악할 수 있는지 평가할 수 있으며, 그 글에서 결론을 추론하여 최종적으로 지향하는 바가 무엇인지 또한 파악함으로써 사고력, 판단력, 분석력을 종합적으로 평가할 수 있다.

JLPT 시험 개요

JLPT란?

JLPT 시험(JLPT日本語能力試験)이란 일본 국내 및 해외에서 일본어를 모국어로 하지 않는 사람을 대상으로 일본어 능력을 객관적으로 측정하고 인정하는 것을 목적으로 하는 시험이다. 급수가 없는 JPT와는 달리 JLPT는 N1부터 N5까지 총 다섯 가지 급수로 나뉘어 있으며 N1이 가장 난이도가 높은 레벨이다.

시험의 구성 및 출제유형

레벨	유형	시간	종합 득점
N1	언어지식(문자・어휘・문법)	110분	180점
	독해		
	청해	60분	
N2	언어지식(문자・어휘・문법)	105분	180점
	독해		
	청해	50분	
N3	언어지식(문자・어휘)	105분	180점
	언어지식(문법) / 독해		
	청해	40분	
N4	언어지식(문자・어휘)	95분	180점
	언어지식(문법) / 독해		
	청해	35분	
N5	언어지식(문자・어휘)	80분	180점
	언어지식(문법) / 독해		
	청해	30분	

JLPT 레벨별 인정 기준

레벨	유형	설명
N1	언어지식(문자 · 어휘 · 문법) 독해	논리적으로 약간 복잡하고 추상도가 높은 문장을 읽고 문장의 구성과 내용을 이해할 수 있으며, 다양한 화제의 글을 읽고 이야기의 흐름이나 상세한 표현의도 또한 이해할 수 있다.
	청해	자연스러운 속도로 읽어 주는 체계적인 내용의 회화나 뉴스, 강의를 듣고 내용의 흐름 및 등장인물의 관계나 내용의 논리구성 등을 상세히 이해하거나 요지를 파악할 수 있다.
N2	언어지식(문자 · 어휘 · 문법) 독해	신문이나 잡지의 기사나 해설, 평이한 평론 등 논지가 명쾌한 문장을 읽고 문장의 내용을 이해할 수 있으며, 일반적인 화제에 관한 글을 읽고 이야기의 흐름이나 표현의도를 이해할 수 있다.
	청해	자연스러운 속도로 읽어 주는 체계적인 내용의 회화나 뉴스를 듣고 내용의 흐름 및 등장인물의 관계를 이해하거나 요지를 파악할 수 있다.
N3	언어지식(문자 · 어휘 · 문법) 독해	일상적인 화제의 구체적인 내용을 나타내는 문장을 읽고 이해할 수 있으며 신문의 기사제목 등에서 정보의 개요를 파악할 수 있다. 일상적인 장면에서 난이도가 약간 높은 문장을 바꿔 제시하며 요지를 이해할 수 있다.
	청해	자연스러운 속도로 읽어 주는 체계적인 내용의 회화를 듣고 등장인물의 관계 등 이야기의 구체적인 내용을 거의 이해할 수 있다.
N4	언어지식(문자 · 어휘 · 문법) 독해	일상생활에서 흔하게 일어나는 화제를 기본적인 어휘나 한자로 쓴 문장을 읽고 이해할 수 있다.
	청해	다소 느린 속도로 읽어 주는 일상적인 장면에서의 회화를 통해 거의 내용을 이해할 수 있다.
N5	언어지식(문자 · 어휘 · 문법) 독해	히라가나나 가타카나, 일상생활에서 사용되는 기본적인 한자로 쓰여진 정형화된 어구나 문장을 읽고 이해할 수 있다.
	청해	느리고 짧은 속도로 읽어 주는 일상생활에서 자주 접하는 장면에서의 회화로부터 필요한 정보를 얻어낼 수 있다.

학습 순서

이 책을 더욱 잘 활용하기 위한 학습 순서입니다. 순서를 따라 반복적으로 학습해 봅시다. 학습할 때 무료로 제공되는 특별 부록을 활용하면 효과적으로 학습할 수 있습니다.

01
각 문법 및 문형별 자세한 설명을 천천히 이해하면서 읽기

02
예문에 문법 및 문형이 어떻게 적용되어 어떤 뉘앙스로 사용되었는지 확인하기
※ **MP3 음성파일 활용**

03
예문에서 활용된 단어 학습하기

04
복습 문제 풀이를 통해 학습한 문법 및 문형이 문제에 어떻게 적용되는지 연습하기

05
실전 모의고사를 통해 시험 응시 전 최종 복습하기
※ **OMR 답안지 활용**

06
실전 모의고사 오답풀이를 통해 자신의 취약점을 파악하고 보완하기

특별 부록

1. **예문 녹음 MP3 무료 다운로드**
   원어민이 녹음한 예문을 듣고 따라해 보세요.
   [시원스쿨 일본어 홈페이지(**http://japan.siwonschool.com**)의 수강신청 > 교재 / MP3]에서 무료로 다운받을 수 있습니다.
2. **실전 모의고사 OMR 답안지**
   실제 시험과 같이 모의고사를 풀어 보고 마킹하여 활용해 보세요.

학습 플랜

이 책을 4주 만에 소화할 수 있도록 구성한 플랜입니다. 특히 복습이 중요하며, 복습을 통해 내가 알고 있는 내용과 모르고 있는 내용을 정확히 구분하여 모르는 내용을 위주로 다시 한 번 학습할 수 있도록 해 봅시다.

4주 플랜

DAY1	DAY2	DAY3	DAY4	DAY5	DAY6	DAY7
CHAPTER 1 Unit 01~04	CHAPTER 1 Unit 05~08	CHAPTER 1 Unit 09~12	CHAPTER 1 Unit 13~16	CHAPTER 1 Unit 17~20	CHAPTER 1 Unit 01~10 복습	CHAPTER 1 Unit 11~20 복습
DAY8	**DAY9**	**DAY10**	**DAY11**	**DAY12**	**DAY13**	**DAY14**
CHAPTER 2 N2 01~10	CHAPTER 2 N2 11~20	CHAPTER 2 N2 21~30	CHAPTER 2 N2 31~40	CHAPTER 2 N2 41~50	CHAPTER 2 N2 51~60	CHAPTER 2 N2 전체 복습
DAY15	**DAY16**	**DAY17**	**DAY18**	**DAY19**	**DAY20**	**DAY21**
CHAPTER 2 N1 01~10	CHAPTER 2 N1 11~20	CHAPTER 2 N1 21~30	CHAPTER 2 N1 31~40	CHAPTER 2 N1 41~50	CHAPTER 2 N1 51~60	CHAPTER 2 N1 전체 복습
DAY22	**DAY23**	**DAY24**	**DAY25**	**DAY26**	**DAY27**	**DAY28**
CHAPTER 3 JLPT N2 모의고사	CHAPTER 3 JLPT N2 모의고사 오답풀이	CHAPTER 3 JLPT N1 모의고사	CHAPTER 3 JLPT N1 모의고사 오답풀이	CHAPTER 3 JPT 독해 모의고사	CHAPTER 3 JPT 독해 모의고사 오답풀이	전체 복습

CHAPTER

1

핵심 문법 도전하기

loading...

앞으로 배울 핵심 문법을 미리 살펴보자!

Unit 01 **조동사 1** 「そうだ」

Unit 02 **조동사 2** 「ようだ」

Unit 03 **조동사 3** 「らしい」,「みたいだ」

Unit 04 **조동사 4** 「(ら)れる」

Unit 05 **조동사 5** 「(さ)せる」

Unit 06 **조동사 6** 「(さ)せられる」

Unit 07 **경어 1** 존경어

Unit 08 **경어 2** 겸양어

Unit 09 **가정법 1** 「ば」

Unit 10 **가정법 2** 「と」

Unit 11 **가정법 3** 「たら」

Unit 12 **가정법 4** 「なら」

Unit 13 **형식명사 1** 「うち」,「ため」,「ところ」

Unit 14 **형식명사 2** 「わけ」,「はず」

Unit 15 **형식명사 3** 「こと」

Unit 16 **형식명사 4** 「もの」

Unit 17 **조사** 「きり」,「こそ」,「すら」,「だに」,「つつ」

Unit 18 **고어 표현 1** 「ず」

Unit 19 **고어 표현 2** 「べし」

Unit 20 **기타 고어 표현** 「まい」,「ごとし」,「まじき」,「たる」

Unit. 01

조동사 1

N3

「そうだ」

MP3 001

조동사「そうだ」는 동사 ます형이나 형용사의 어간에 접속하면 '~일 것 같다, ~인 듯하다'라는 양태(様態)의 용법으로, 직접 보거나 듣고 순간적으로 느껴서 그럴 가능성이 크다는 기분을 나타낸다. 그리고 동사 기본형이나 형용사의 기본형에 접속하면 '~라고 한다'라는 전문(伝聞)의 용법으로, 전해 들은 말을 나타낼 때 사용하며 주로 정보의 출처를 나타내는「~によると(~에 의하면)」나「~では(~로는)」가 오는 경우가 많다.

「そうだ」의 용법	품사별 접속 형태	의미
양태(様態)	동사 ます형+そうだ	~일 것 같다, ~인 듯하다
	い형용사 어간+そうだ	
	な형용사 어간+そうだ	
전문(伝聞)	동사 기본형+そうだ	~라고 한다
	い형용사 기본형+そうだ	
	な형용사 기본형+そうだ	
	명사+だ+そうだ	

예 今(いま)にも雨(あめ)が降(ふ)りそうだ。★★★
금방이라도 비가 내릴 것 같다. (양태)

テーブルの上(うえ)のケーキはとても美味(おい)しそうだ。★★★
테이블 위의 케이크는 아주 맛있을 것 같다. (양태)

その問題(もんだい)は思(おも)ったより簡単(かんたん)そうだ。★★★
그 문제는 생각했던 것보다 간단할 것 같다. (양태)

彼(かれ)もそのパーティーに行(い)くそうだ。★★★
그 사람도 그 파티에 간다고 한다. (전문)

明日(あした)、彼女(かのじょ)は暇(ひま)だそうだ。★★★
내일 그녀는 한가하다고 한다. (전문)

고득점 비법

「行(い)きそうだ(갈 것 같다)」, 「難(むず)しそうだ(어려울 것 같다)」처럼 양태를 나타내는 「そうだ」의 부정형에는 주의를 해야 한다. 「行(い)きそうだ」의 부정형은 「行(い)き**そうに(も)ない**(못 갈 것 같다)」이고, 「難(むず)しそうだ」의 부정형은 「難(むず)し**そうではない**(어려울 것 같지 않다)」 혹은 「難(むず)しく**なさそうだ**(어렵지 않을 것 같다)」이다. 다만 같은 い형용사라도 「いい(좋다)」는 「よさそうだ(좋을 것 같다)」로, 부정을 나타내는 조동사 「～ない(~하지 않다)」는 「～なさそうだ(~하지 않을 것 같다)」로 활용한다.

확인 문제

1. 空(そら)を見上(みあ)げると、今(いま)にも雨(あめ)が (①降(ふ)り / ②降(ふ)る) そうだ。
2. 朝(あさ)から (①眠(ねむ) / ②眠(ねむ)い) そうな顔(かお)をしていますね。
3. ニュースによると、今年(ことし)の夏(なつ)は (①暑(あつ) / ②暑(あつ)い) そうだ。
4. この仕事(しごと)、一人(ひとり)では到底(とうてい) (①できそうにない / ②できそうではない)。
5. あの映画(えいが)はあまり (①面白(おもしろ)そうにない / ②面白(おもしろ)そうではない)。

정답 1. ① 2. ① 3. ② 4. ① 5. ②

예문 **今(いま)にも** 금방이라도 **雨(あめ)が降(ふ)る** 비가 내리다 **思(おも)ったより** 생각했던 것보다 **暇(ひま)だ** 한가하다

확인 문제 **見上(みあ)げる** 올려다보다 **眠(ねむ)い** 졸리다 **顔(かお)をする** 얼굴을 하다 **到底(とうてい)** 도저히

Unit. 02

조동사 2

N3

「ようだ」

MP3 002

조동사 「ようだ」의 대표적인 용법으로는 비유, 추측, 완곡 등이 있다. 비유의 용법은 주로 「명사+の+ようだ」의 형태로 사용되지만, 동사에도 접속할 수 있다. 추측의 용법은 자신의 느낌이나 관찰을 통해 추측한 내용을 나타낼 때 사용하며, 완곡의 용법은 뭔가를 확실하게 단정하지 않고 겸손하게 말할 때 사용한다.

「ようだ」의 용법	품사별 접속 형태	의미
비유	동사 기본형+ようだ	~같다, ~와(과) 비슷하다
	명사+の+ようだ	
추측, 완곡	동사 기본형+ようだ	~인 것 같다, ~인 듯하다
	い형용사 기본형+ようだ	
	な형용사 어간+な+ようだ	
	명사+の+ようだ	

예 高層(こうそう)ビルから見下(みお)ろすと、人(ひと)がまるでアリ**のようだ**。☆★★
고층빌딩에서 내려다보니 사람이 마치 개미같다. (비유)

彼(かれ)の目(め)はまるで湖(みずうみ)**のように**澄(す)んでいる。☆★★
그 사람의 눈은 마치 호수와 같이 맑다. (비유)

どうもあの人(ひと)が犯人(はんにん)**のようだ**。☆★★
아무래도 저 사람이 범인인 것 같다. (추측)

さっき玄関(げんかん)のベルが鳴(な)った**ようだ**。☆★★
조금 전에 현관 벨이 울린 것 같다. (추측)

もう時間(じかん)**のようです**ので、これで終(お)わりにしたいと思(おも)います。★★★
벌써 시간이 다 된 것 같으니 이것으로 마치고자 합니다. (완곡)

고득점 비법

조동사 「ようだ」는 「ような」와 「ように」로도 활용하는데, 「ような」는 바로 뒤에 오는 명사를 수식한다. 「ように」에는 앞서 언급한 비유의 용법 이외에 '~하도록'이라는 의미인 목적의 용법과 '~처럼'이라는 의미인 예시의 용법이 있다. 비유와 예시의 용법은 둘 다 '~처럼'으로 동일하게 해석되는데 예시의 용법일 경우, 「彼の**ように**日本語が上手になりたい(그 사람처럼 일본어가 능숙해지고 싶다)」, 「韓国の**ように**礼儀を重視する国はそんなに多くない(한국처럼 예의를 중시하는 나라는 그렇게 많지 않다)」처럼 앞에 이름이나 국명 등 고유명사가 온다는 특징이 있다.

확인 문제

1. そこの風景はまるで (①絵 / ②絵の) ようだった。
2. 口コミを見ると、このレストランの料理はどうやら (①美味し / ②美味しい) ようだ。
3. 今度の旅行に彼も (①行き / ②行く) ようですね。
4. 私も彼の (①ように / ②ような) 人になりたい。
5. 彼女の肌は雪の (①ように / ②ような) 白い。

정답 1. ② 2. ② 3. ② 4. ② 5. ①

예문 **高層ビル** 고층빌딩 **見下ろす** 내려다보다 **まるで** 마치 **アリ** 개미 **湖** 호수 **どうも** 아무래도 **犯人** 범인 **玄関** 현관 **鳴る** 울리다 **終わりにする** 끝내다, 마치다

확인 문제 **風景** 풍경 **絵** 그림 **口コミ** 소문, 평판, 후기 **どうやら** 아마 **肌** 피부 **白い** 하얗다

Unit. 03

조동사 3

「らしい」,「みたいだ」

N3

MP3 003

조동사 「らしい」는 남에게 전해 듣거나 말하는 사람이 나름대로 객관적인 근거에 기초해 확실하다고 판단되는 사실을 추측해 단정할 때 사용한다. 「みたいだ」는 「ようだ」와 거의 같은 의미로 회화체에서 주로 사용되는데, 앞에 명사가 올 때는 「명사+みたいだ」의 형태로 명사에 바로 접속한다는 차이가 있다.

「らしい」의 용법	품사별 접속 형태	의미
추측	동사 기본형+らしい	~인 것 같다, ~인 듯하다
	い형용사 기본형+らしい	
	な형용사 어간+らしい	
	명사+らしい	
「みたいだ」의 용법	**품사별 접속 형태**	**의미**
추측	동사 기본형+みたいだ	~인 것 같다, ~인 듯하다
	い형용사 기본형+みたいだ	
	な형용사 어간+みたいだ	
	명사+みたいだ	

예 ここで何(なに)か事故(じこ)があったらしい。☆★★
여기에서 뭔가 사고가 있었던 것 같다.

あの子(こ)はにんじんが嫌(きら)いらしいね。★★★
저 아이는 당근을 싫어하는 것 같네.

彼女(かのじょ)は日本人(にほんじん)みたいだが、実(じつ)は韓国人(かんこくじん)だった。☆★★
그녀는 일본인인 것 같지만 실은 한국인이었다.

彼(かれ)、何(なん)だか風邪(かぜ)を引(ひ)いたみたいだね。☆★★
그 사람, 어쩐지 감기에 걸린 것 같네.

また公共料金(こうきょうりょうきん)が値上(ねあ)がりするみたいだね。☆★★
또 공공 요금이 인상되는 것 같네.

고득점 비법

「명사+らしい」에서 「らしい」가 조동사로 사용되면 '~인 것 같다, ~인 듯하다'라는 의미이지만, 접미사로 사용되면 '~답다'라는 의미로, 신분이나 특성의 전형적인 성질을 나타낼 때 사용하는 표현이 된다. 예를 들어 「明日(あした)は雨(あめ)らしい(내일은 비가 올 것 같다)」는 조동사로 사용된 용법이고, 「学生(がくせい)らしい行動(こうどう)をするべきだ(학생다운 행동을 해야 한다)」는 접미사로 사용된 용법인데 형태가 동일하므로 문장의 의미를 잘 따져 보고 구분해야 한다.

확인 문제

1. 来週(らいしゅう)、あの歌手(かしゅ)の新(あたら)しい曲(きょく)が (①出(で)る / ②出(で)て) らしい。
2. 最近(さいきん)、春(はる) (①らしい / ②みたいで) 暖(あたた)かい日(ひ)が続(つづ)いている。
3. 彼女(かのじょ)の手(て)は氷(こおり) (①みたいに / ②みたいな) 冷(つめ)たい。
4. あの人(ひと)、アメリカ人(じん) (①みたいな / ②みたいだ) ね。英語(えいご)がぺらぺらだったよ。
5. 君(きみ)と彼(かれ)は趣味(しゅみ)が合(あ)う (①みたいに / ②みたいで) 、本当(ほんとう)によかった。

정답 1. ① 2. ① 3. ① 4. ② 5. ②

예문 **にんじん** 당근 **実(じつ)は** 실은 **何(なん)だか** 어쩐지 **風邪(かぜ)を引(ひ)く** 감기에 걸리다 **公共料金(こうきょうりょうきん)** 공공 요금 **値上(ねあ)がり** 가격 인상

확인 문제 **最近(さいきん)** 최근 **暖(あたた)かい** 따뜻하다 **続(つづ)く** 이어지다, 계속되다 **氷(こおり)** 얼음 **冷(つめ)たい** 차갑다 **ぺらぺら** 외국어를 잘 말하는 모양, 술술 **趣味(しゅみ)** 취미 **合(あ)う** 맞다

Unit. 04

조동사 4

「(ら)れる」

N3

MP3 004

조동사 「(ら)れる」는 네 가지 용법이 있다. 그 용법으로는 어떤 대상 또는 누군가에 의해 직접 또는 간접적으로 동작이나 영향을 받게 됨을 나타내는 수동, 동작이나 작용을 행하는 주체의 능력을 나타내는 가능, 화제에 등장한 인물의 행위에 대한 존경, 자연적으로 그렇게 되는 현상을 나타내는 자발 등이 있다.

「(ら)れる」의 용법	동사별 접속 형태	의미
수동, 가능, 존경, 자발	1그룹 동사 ない형+れる	~하게 되다(수동), ~할 수 있다(가능), ~하시다(존경), ~하다(자발)
	2그룹 동사 ない형+られる	
	する → される	
	来(く)る → 来(こ)られる	

예

にわか雨(あめ)に降(ふ)られて風邪(かぜ)を引(ひ)いてしまった。☆★★
소나기를 맞아 감기에 걸려 버렸다. (수동)

これぐらいなら、一人(ひとり)で十分(じゅうぶん)食(た)べられる。☆★★
이 정도라면 혼자서 충분히 먹을 수 있다. (가능)

これは昨日(きのう)中村(なかむら)さんが買(か)って来(こ)られたものです。☆★★
이건 어제 나카무라 씨가 사 오신 거예요. (존경)

田舎(いなか)の母(はは)のことが案(あん)じられる。★★★
시골에 계신 어머니가 걱정된다. (자발)

ここに来(く)るたびに、昔(むかし)のことが思(おも)い出(だ)される。★★★
여기에 올 때마다 옛날 일이 생각난다. (자발)

고득점 비법

「困る(곤란하다)」, 「疲れる(피곤하다)」처럼 사람의 의지와 관계가 없는 동사는 조동사 「(ら)れる」를 붙여 가능 동사로 만들 수 없다. 그리고 「見える(보이다)」, 「聞こえる(들리다)」 등의 자동사는 본래부터 가능의 의미가 있기 때문에 이런 자동사에 대응하는 가능 동사는 존재하지 않는다. 그리고 자발의 용법은 '마음이 자신도 모르게 그렇게 된다'는 의미로 마음의 움직임을 나타내는 「思う(생각하다)」, 「感じる(느끼다)」, 「偲ぶ(그리워하다, 회상하다)」 등 제한적인 동사에만 사용된다.

확인 문제

1. この資料は、部長が書かれたものです。 (①가능 / ②존경)
2. 彼女は二十歳になるまでお祖母さんに育てられたそうだ。 (①자발 / ②수동)
3. すみませんが、明日朝6時までにここに来られますか。 (①가능 / ②수동)
4. すぐ隣にマンションが建てられて日当たりが悪くなってしまった。 (①수동 / ②가능)
5. 結婚して子供ができた今にして母の苦労が偲ばれる。 (①존경 / ②자발)

정답 1. ② 2. ② 3. ① 4. ① 5. ②

VOCA

예문 **にわか雨に降られる** 소나기를 맞다 **田舎** 시골 **案じる** 걱정하다 **동사 기본형+たびに** ~할 때마다 **思い出す** 떠올리다, 생각해 내다

확인 문제 **隣** 옆, 이웃 **マンション** 맨션 **日当たり** 볕이 듦, 양지 **今にして** 지금에 와서, 이제 와서 **偲ぶ** 그리워하다, 회상하다

Unit. 01～04 정리 및 복습하기

주요 어휘 및 표현 정리 20

어휘 및 표현	읽는 법	의미
□ 今にも	いまにも	금방이라도
□ 問題	もんだい	문제
□ 暇だ	ひまだ	한가하다
□ 見上げる	みあげる	올려다보다
□ 眠い	ねむい	졸리다
□ ~によると	●	~에 의하면
□ 暑い	あつい	덥다
□ 到底	とうてい	도저히
□ 見下ろす	みおろす	내려다보다
□ 湖	みずうみ	호수
□ 鳴る	なる	울리다
□ 風景	ふうけい	풍경
□ どうやら	●	아마
□ 公共料金	こうきょうりょうきん	공공 요금
□ 値上がり	ねあがり	가격 인상
□ 暖かい	あたたかい	따뜻하다
□ 趣味	しゅみ	취미
□ 案じる	あんじる	걱정하다
□ 동사 기본형+たびに	●	~할 때마다
□ 思い出す	おもいだす	떠올리다, 생각해내다

loading...

복습 문제 10

유형1

❶ 今年の冬は去年より寒いそうだ。

Ⓐ もうすぐ駅に着きそうだ。

Ⓑ この仕事は思ったより早く終わりそうだ。

Ⓒ このお菓子よりあのお菓子の方が美味しそうだ。

Ⓓ 天気予報によると、明日から天気が崩れるそうだ。

❷ 最近、学生らしい学生が少なくなっている。

Ⓐ 今、あの服が流行っているらしい。

Ⓑ そんな発言をするとは、山田君らしいね。

Ⓒ これについて彼は何も知らなかったらしい。

Ⓓ 漏電が今回の火事の原因だったらしい。

유형2

❸ この町は緑茶の産地として日本全国に知らせています。
Ⓐ この　Ⓑ の　Ⓒ として　Ⓓ 知らせて

❹ いくら頑張っても、この宿題は明日までに できそうではない。
Ⓐ いくら　Ⓑ は　Ⓒ までに　Ⓓ できそうではない

❺ パン屋から焼き立てのパンの美味しいそうなにおいがしたので入ってみた。
Ⓐ 立て　Ⓑ 美味しい　Ⓒ したので　Ⓓ みた

유형3

❻ 家の近くの公園に行ってみると、もう春の気配が＿＿＿＿＿。

Ⓐ 感じた　Ⓑ 感じられた　Ⓒ 感じさせた　Ⓓ 感じさせられた

❼ 山から見下ろす風景は、まるで絵＿＿＿＿＿美しかった。

Ⓐ ように　Ⓑ らしく　Ⓒ そうに　Ⓓ みたいに

❽ 授業中に友達と話をして先生に注意＿＿＿＿＿しまった。

Ⓐ して　Ⓑ されて　Ⓒ させて　Ⓓ になって

유형4

❾ 彼女は ＿★＿ ＿＿＿ ＿＿＿ ＿＿＿ しまった。

Ⓐ 恋愛も　Ⓑ できないまま　Ⓒ 結婚して　Ⓓ 恋愛らしい

❿ この絵を見るたびに、＿＿＿ ＿＿＿ ＿＿＿ ＿★＿。

Ⓐ 思い出される　Ⓑ ことが　Ⓒ 別れた　Ⓓ 彼女の

Unit. 05

조동사 5

N4

「(さ)せる」

MP3 005

조동사 「(さ)せる」는 어떤 주체가 다른 대상에게 뭔가를 하도록 시키는 사역 표현이다. 동사가 타동사일 때는 시킴을 당하는 사람에게 조사 「～に」가 붙고 자동사일 때는 조사 「～を」가 붙는다. 다만 「待(ま)つ(기다리다)」는 타동사지만 예외적으로 「彼女(かのじょ)を待(ま)たせる(그녀를 기다리게 한다)」처럼 조사 「～を」가 붙는다.

「(さ)せる」의 용법	동사별 접속 형태	의미
사역	1그룹 동사 ない형+せる	~하게 하다, ~하게 시키다
	2그룹 동사 ない형+させる	
	する → させる	
	来(く)る → 来(こ)させる	

예

母(はは)は妹(いもうと)を買(か)い物(もの)に行(い)かせた。☆★★
어머니는 여동생을 장보러 보냈다.

彼女(かのじょ)はいつも私(わたし)たちを笑(わら)わせる。☆★★
그녀는 항상 우리들을 웃게 한다.

不注意(ふちゅうい)で子供(こども)に怪我(けが)をさせてしまった。☆★★
부주의로 아이에게 부상을 입혀 버렸다.

両親(りょうしん)は弟(おとうと)をアメリカへ留学(りゅうがく)させたいと思(おも)っているようだ。☆★★
부모님은 남동생을 미국에 유학시키고 싶다고 생각하고 있는 것 같다.

彼女(かのじょ)を待(ま)たせているので、早(はや)く行(い)かなければならない。☆★★
그녀를 기다리게 하고 있어서 빨리 가지 않으면 안 된다.

고득점 비법

「(さ)せる」가 문장 끝부분에 오면 원래 문장의 주어인 「~が(~이(가))」가 「~を(~을(를))」나 「~に(~에게)」로 바뀐다. 예를 들어 「メンバー**が**集(あつ)まる(멤버가 모인다)」라는 문장을 사역형으로 바꾸면 「メンバー**を**集(あつ)まらせる(멤버를 모이게 한다)」이고, 「キャプテン**が**メンバーを集(あつ)める(주장이 멤버를 모은다)」라는 문장을 사역형으로 바꾸면 「キャプテン**に**メンバーを集(あつ)めさせる(주장에게 멤버를 모으게 한다)」이다.

확인 문제

1. 子供(こども)に絵本(えほん)を (①読(よ)める / ②読(よ)ませる) 。
2. 私(わたし)は毎朝(まいあさ)犬(いぬ)を (①散歩(さんぽ)させて / ②散歩(さんぽ)して) いる。
3. 面倒(めんどう)なので、妹(いもうと)にお菓子(かし)を (①買(か)われる / ②買(か)わせる) 。
4. 今日(きょう)の先生(せんせい)の話(はなし)が彼(かれ)にやる気(き)を (①起(お)こさせた / ②起(お)こされた) 。
5. 週末(しゅうまつ)になると、母(はは)はいつも私(わたし)に部屋(へや)を (①掃除(そうじ)させる / ②掃除(そうじ)する) 。

정답 1. ② 2. ① 3. ② 4. ① 5. ①

VOCA

예문 **買(か)い物(もの)** 쇼핑, 장을 봄 **笑(わら)う** 웃다 **不注意(ふちゅうい)** 부주의 **怪我(けが)** 부상, 상처 **両親(りょうしん)** 부모님 **留学(りゅうがく)** 유학 **~ようだ** ~인 것 같다 **~なければならない** ~하지 않으면 안 된다

확인 문제 **絵本(えほん)** 그림책 **毎朝(まいあさ)** 매일 아침 **犬(いぬ)** 개 **散歩(さんぽ)する** 산책하다 **面倒(めんどう)だ** 성가시다, 귀찮다 **お菓子(かし)** 과자 **やる気(き)** 의욕 **起(お)こす** 일으키다 **週末(しゅうまつ)** 주말 **部屋(へや)** 방 **掃除(そうじ)する** 청소하다

Unit. 06

조동사 6

「(さ)せられる」

N4

MP3 006

사역형 뒤에 수동형이 붙은 「(さ)せられる」는 보통 사역수동이라고 불리는데 원하지 않았지만 뭔가를 억지로 당함을 나타낸다. 1그룹 동사 ない형에 접속하는 「せられる」는 일반적으로 「される」로 줄여서 나타내며 주로 회화체에서 사용된다. 다만 「話す(이야기하다)」처럼 「す」로 끝나는 1그룹 동사는 「話さされる」보다는 보통 「話させられる」로 나타낸다.

「(さ)せられる」의 용법	동사별 접속 형태	의미
사역수동	1그룹 동사 ない형+せられる(される)	(원하지 않았지만 억지로) ~하게 되다
	2그룹 동사 ない형+させられる	
	する → させられる	
	来る → 来させられる	

예

母に嫌いな野菜を食べさせられた。★★★
어머니가 싫어하는 채소를 억지로 먹였다.

昨日は面白くもない話を延々と聞かされた。★★★
어제는 재미있지도 않은 이야기를 계속 들었다.

彼女は幼い時から英語を習わされた。★★★
그녀는 어릴 때부터 억지로 영어를 배웠다.

昨日は部長にお酒をたくさん飲まされた。★★★
어제는 부장님이 억지로 술을 많이 먹였다.

あまりにも我慢をさせられると、病気になる。★★★
너무 억지로 참게 되면 병이 된다.

고득점 비법

사역수동은 원하지 않았지만 본의 아니게 어쩔 수 없이 하게 됨을 나타내지만 자연스럽게 일어나는 감정을 나타낼 때도 사용한다. 예를 들어 '나는 그 책에 감동받았다'는 일본어로 「私(わたし)はその本(ほん)に感動(かんどう)させられた」라고 하는데 이때는 뭔가 피해를 입었거나 어쩔 수 없이 억지로 하게 됨을 나타내는 게 아니라 자연스럽게 일어나는 감정을 나타내는 것이다.

확인 문제

1. 先生(せんせい)に読書感想文(どくしょかんそうぶん)を (①書(か)かされた / ②書(か)かせた) 。
2. 昨日(きのう)、母(はは)に5時間(じかん)も (①勉強(べんきょう)した / ②勉強(べんきょう)させられた) 。
3. 買(か)いたくもない携帯(けいたい)を店員(てんいん)に (①買(か)わせた / ②買(か)わされた) 。
4. あまりやりたくないゲームに (①参加(さんか)させられた / ②参加(さんか)させた) 。
5. 彼女(かのじょ)は担任(たんにん)の先生(せんせい)に給食(きゅうしょく)を全部(ぜんぶ) (①食(た)べさせられた / ②食(た)べさせた) 。

정답 1. ① 2. ② 3. ② 4. ① 5. ①

예문 **延々と**(えんえん) 아주 길게 이어지는 모양, 계속 **幼い**(おさな) 어리다 **習う**(なら) 배우다 **部長**(ぶちょう) 부장 **あまりにも** 너무나도 **我慢**(がまん) 참음, 인내

확인 문제 **読書感想文**(どくしょかんそうぶん) 독서감상문 **勉強する**(べんきょう) 공부하다 **携帯**(けいたい) 휴대전화(「携帯電話(けいたいでんわ)」의 준말) **店員**(てんいん) 점원 **あまり** 그다지, 별로 **参加する**(さんか) 참가하다 **担任**(たんにん) 담임 **給食**(きゅうしょく) 급식 **全部**(ぜんぶ) 전부

Unit. 07

경어 1

존경어

N3

MP3 007

동작이나 상태의 주체를 높이는 존경어는 「おっしゃる(말씀하시다)」나 「なさる(하시다)」처럼 존경어 동사를 사용하는 방법과 「お読みになる(읽으시다)」처럼 「お+동사 ます형+になる」의 형태로 존경어를 만드는 방법, 「読まれる(읽으시다)」처럼 「동사 ない형+(ら)れる」를 붙여 존경어를 만드는 방법 등이 있다. 특히 아래 표처럼 동사나 한자어를 이용해 존경어를 만드는 공식은 따로 암기를 해 두어야 한다.

변환 어휘	존경어 공식	예
동사나 한자어	お+동사 ます형+になる	読む(읽다) → お読みになる(읽으시다)
	ご+한자어+になる	乗車(승차) → ご乗車になる(승차하시다)
	お+동사 ます형+ください	座る(앉다) → お座りください(앉아 주십시오)
	ご+한자어+ください	利用(이용) → ご利用ください(이용해 주십시오)
	동사 ない형+(ら)れる	書く(쓰다) → 書かれる(쓰시다)

예 その件について山田先生は何とおっしゃいましたか。★★★
그 건에 대해 야마다 선생님께서는 뭐라고 말씀하셨습니까?

ご乗車になる際は、足元にお気を付けください。★★★
승차하실 때는 발밑에 주의해 주십시오.

申し訳ありませんが、こちらで少々お待ちください。☆★★
죄송한데 이쪽에서 잠시 기다려 주십시오.

いつでもご自由にご利用ください。☆★★
언제든지 자유롭게 이용해 주십시오.

鈴木先生がこの本を書かれました。☆★★
스즈키 선생님께서 이 책을 쓰셨습니다.

고득점 비법

일본어의 존경어는 접두어「お」나「ご」를 붙여 존경으로 나타낼 수도 있다. 일반적으로「**お**考(かんが)え(생각)」,「**お**知(し)らせ(알림)」처럼 일본 고유의 말에는 접두어「お」가 붙고「**ご**住所(じゅうしょ)(주소)」,「**ご**意見(いけん)(의견)」 등의 한자어 앞에는 접두어「ご」가 붙는 게 원칙이다. 하지만「**お**時間(じかん)(시간)」,「**お**電話(でんわ)(전화)」처럼 일상생활에서 자주 사용되는 말은 한자어일지라도「お」가 붙는 경우가 많다. 또한「返事(へんじ)(대답, 응답)」나「通知(つうち)(통지)」 등의 단어는「お」와「ご」 양쪽 모두 사용할 수 있다.

확인 문제

1. これから社長(しゃちょう)が (①お話(はな)しする / ②お話(はな)しになる) 予定(よてい)です。
2. ご入会手続(にゅうかいてつづ)きでは、(①ご利用(りよう)する / ②ご利用(りよう)になる) コースをまず選択(せんたく)していただきます。
3. こちらのものはご自由(じゆう)にお (①取(と)って / ②取(と)り) ください。
4. 先生(せんせい)、明日(あした)からご旅行(りょこう)に (①行(い)かれる / ②行(い)かせる) そうですね。
5. 中村先生(なかむらせんせい)がこの本(ほん)を (①書(か)かれました / ②お書(か)きしました)。

정답 1. ② 2. ② 3. ② 4. ① 5. ①

예문 **件(けん)** 건 **~について** ~에 대해서 **おっしゃる** 말씀하시다 **~際(さい)** ~할 때 **足元(あしもと)** 발밑 **気(き)を付(つ)ける** 조심하다, 주의하다 **少々(しょうしょう)** 잠시 **いつでも** 언제든지 **自由(じゆう)に** 자유롭게 **本(ほん)を書(か)く** 책을 쓰다

확인 문제 **社長(しゃちょう)** 사장 **予定(よてい)** 예정 **入会(にゅうかい)** 입회, 가입 **手続(てつづ)き** 수속 **コース** 코스 **まず** 일단, 우선 **選択(せんたく)する** 선택하다 **取(と)る** 잡다, 취하다 **동사 기본형+そうだ** ~라고 한다

Unit. 08

경어 2

N3

겸양어

MP3 008

동작이나 상태의 주체를 낮추는 겸양어는 「さしあげる(드리다)」나 「伺う(찾아뵙다)」처럼 겸양어 동사를 사용하는 방법과 「お願いする(부탁하다)」처럼 「お+동사 ます형+する」의 형태로 겸양어를 만드는 방법, 「休ませていただく(쉬다)」처럼 「동사 ない형+(さ)せていただく」를 붙여 겸양어를 만드는 방법이 있다. 겸양어를 만드는 대표적인 방법을 정리하면 아래와 같다.

변환 어휘	겸양어 공식	예
동사나 한자어	お+동사 ます형+する	願う(원하다) → お願いする(부탁하다)
	ご+한자어+する	案内(안내) → ご案内する(안내하다)
	お+동사 ます형+いただく	教える(가르치다) → お教えいただく(가르침을 받다)
	ご+한자어+いただく	利用(이용) → ご利用いただく(이용하다)
	동사 ない형 +(さ)せていただく	発表する(발표하다) → 発表させていただく(발표하다)

예 これからもどうぞよろしく**お願いし**ます。★★★
앞으로도 아무쪼록 잘 부탁드려요.

会場までは私が先生を**ご案内し**ます。★★★
회장까지는 제가 선생님을 안내하겠습니다.

メールアドレスを**ご記入いただけ**ますか。★★★
메일주소를 기입해 주시겠습니까?

当店ではクレジットカードを**ご利用いただけ**ません。★★★
저희 가게에서는 신용카드를 이용하실 수 없습니다.

それでは、発表**させていただき**ます。★★★
그럼 발표하겠습니다.

고득점 비법

겸양어를 만드는 방식은 앞서 설명한 방식 이외에도 「いたす」나 「申(もう)し上(あ)げる」를 붙여 만들기도 한다. 구체적으로는 「どうかご検討(けんとう)くださいますよう、よろしくお願(ねが)い**いたします**(아무쪼록 검토해 주시도록 잘 부탁드려요)」와 「今後(こんご)ともよろしくお願(ねが)い**申(もう)し上(あ)げます**(앞으로도 잘 부탁드려요)」는 모두 겸양어가 되는데 「お+동사 ます형+する」보다는 좀 더 공손한 느낌의 표현이다.

확인 문제

1. 重(おも)そうですね。(①お手伝(てつだ)いになりましょうか / ②お手伝(てつだ)いしましょうか)。
2. 明日(あした)までに (①お届(とど)けする / ②お届(とど)けになる) お約束(やくそく)でしたが、たいへん申(もう)し訳(わけ)ありません。
3. 飲(の)み物(もの)なら、私(わたし)が (①ご用意(ようい)します / ②ご用意(ようい)になります)。
4. 早速(さっそく) (①ご応募(おうぼ)いただき / ②ご応募(おうぼ)し)、ありがとうございます。
5. お尋(たず)ねの件(けん)につきましては、私(わたし)からご説明(せつめい) (①していただきます / ②させていただきます)。

정답 1. ② 2. ① 3. ① 4. ① 5. ②

VOCA

예문 **これからも** 앞으로도 **どうぞ** 부디, 아무쪼록 **会場(かいじょう)** 회장 **メールアドレス** 메일주소 **記入(きにゅう)** 기입 **当店(とうてん)** 저희 가게 **クレジットカード** 신용카드 **それでは** 그럼 **発表(はっぴょう)** 발표

확인 문제 **重(おも)い** 무겁다 **い형용사 어간+そうだ** ~인 것 같다 **手伝(てつだ)う** 돕다 **~までに** ~까지 **届(とど)ける** 보내어주다, 배달하다 **約束(やくそく)** 약속 **たいへん** 대단히, 몹시 **用意(ようい)** 준비 **早速(さっそく)** 당장, 즉시 **応募(おうぼ)** 응모 **尋(たず)ねる** 묻다 **~につきまして** ~에 대해서(「~について」의 공손한 표현) **説明(せつめい)** 설명

Unit. 05～08 정리 및 복습하기

주요 어휘 및 표현 정리 20

어휘 및 표현	읽는 법	의미
□ 不注意	ふちゅうい	부주의
□ 怪我	けが	부상, 상처
□ 留学	りゅうがく	유학
□ 面倒だ	めんどうだ	성가시다, 귀찮다
□ 幼い	おさない	어리다
□ 習う	ならう	배우다
□ 我慢	がまん	참음, 인내
□ 店員	てんいん	점원
□ 参加する	さんかする	참가하다
□ 担任	たんにん	담임
□ 給食	きゅうしょく	급식
□ おっしゃる	●	말씀하시다
□ 乗車	じょうしゃ	승차
□ 気を付ける	きをつける	조심하다, 주의하다
□ 手続き	てつづき	수속
□ 選択する	せんたくする	선택하다
□ 案内	あんない	안내
□ 届ける	とどける	보내어주다, 배달하다
□ 用意	ようい	준비
□ 尋ねる	たずねる	묻다

복습 문제 10

유형1

❶ 中村さん、社長はいらっしゃいましたか。

Ⓐ ご覧になりましたか　　Ⓑ お越しになりましたか

Ⓒ お目にかかりましたか　　Ⓓ 召し上がりましたか

❷ 鈴木先生はいつ頃お帰りになりましたか。

Ⓐ 彼は本当にお酒に弱い。

Ⓑ くれぐれもよろしくお願いいたします。

Ⓒ 食べすぎたのか、さっきからお腹が痛い。

Ⓓ 昨日は役に立つお話をたくさん伺うことができた。

유형2

❸ 歌は大の苦手なのに、カラオケで部長に無理やり歌わせた。
Ⓐ大の　Ⓑのに　Ⓒに　Ⓓ歌わせた

❹ この度は当店をご利用していただき、誠にありがとうございます。
Ⓐこの度　Ⓑご　Ⓒしていただき　Ⓓ誠に

❺ この度、皆様にお紹介する商品はこちらでございます。
Ⓐこの度　Ⓑお　Ⓒこちら　Ⓓございます

유형3

❻ この仕事を彼にずっと続け＿＿＿＿ことはもう無理でしょう。

Ⓐ はじめる　Ⓑ させる　Ⓒ させる　Ⓓ ぬく

❼ 私は母に嫌いなピーマンを＿＿＿＿。

Ⓐ 食べさせられた　　Ⓑ 食べたくなかった

Ⓒ 食べようとした　　Ⓓ 食べたことがある

❽ 本日はどなたでもご入場＿＿＿＿。

Ⓐ できます　Ⓑ させていただきます　Ⓒ になれます　Ⓓ 申し上げます

유형4

❾ ＿＿＿ ＿＿＿ ＿★＿ ＿＿＿、必ず取扱説明書をお読みください。

Ⓐ ご　Ⓑ 使用になる　Ⓒ 初めて　Ⓓ 際は

❿ 「どうぞ ＿＿＿ ＿＿＿ ＿★＿ ＿＿＿。」「では、いただきます。」

Ⓐ 召し上がって　Ⓑ 冷めない　Ⓒ ください　Ⓓ うちに

Unit. 09

가정법 1

「ば」

N3

MP3 009

가정조건을 나타내는 「ば」가정법은 원칙적으로 상태를 나타내는 경우 이외에는 뒤에 의지, 희망, 명령, 의뢰, 허가 등을 나타내는 표현이 올 수 없다. 또한 이미 일어난 일인 경우에는 사용할 수 없다는 제약이 있으며 「ば」가정법 뒤에는 대체로 바람직하거나 긍정적인 내용이 온다는 특징이 있다. 기타 「ば」가정법의 용법을 정리하면 다음과 같다.

① 「急(いそ)がば回(まわ)れ(급하면 돌아가라)」처럼 속담은 대부분 「ば」가정법으로 나타낸다.

예 ちりも積(つ)もれば山(やま)となる。 ☆★★
티끌 모아 태산

② 논리적, 항상적, 법칙적인 관계나 인과관계를 나타낸다.

예 春(はる)になれば、花(はな)が咲(さ)く。 ☆★★
봄이 되면 꽃이 핀다.

③ 과거의 습관을 나타낸다.

예 小学校時代(しょうがっこうじだい)、天気(てんき)がよければ運動場(うんどうじょう)でよく遊(あそ)んだ。 ☆★★
초등학교 시절 날씨가 좋으면 운동장에서 자주 놀았다.

④ 「～さえ～ば(~만 ~하면)」의 형태로 최소조건을 나타낸다.

예 いい薬(くすり)さえあれば彼女(かのじょ)は助(たす)かっただろうに。 ★★★
좋은 약만 있었으면 그녀는 살았을 것을.

⑤ 「～ば～ほど(~하면 ~할수록)」, 「～も～ば～も(~도 ~하고 ~도)」, 「～ばこそ(~이기 때문에, ~이기에)」, 「～ばそれまでだ(~하면 그뿐이다, ~하면 그것으로 끝이다)」 등 정해진 문법 표현으로 사용된다.

예 彼女(かのじょ)は私(わたし)の質問(しつもん)に肯定(こうてい)もしなければ否定(ひてい)もしなかった。 ★★★
그녀는 내 질문에 긍정도 하지 않고 부정도 하지 않았다.

고득점 비법

「ば」가정법은 '그렇지 않으면'이라는 의미로, 말하는 사람이 반대의 상황을 염두에 두고 이야기하는 가정법이라고 할 수 있다. 따라서 「練習すれば テニスが上手になる(연습하면 테니스가 능숙해진다)」라는 문장은 '연습을 하지 않으면 테니스가 능숙해지지 않는다'는 의미를 내포하고 있다고 할 수 있다.

확인 문제

1. 水は100度に (①なるなら / ②なれば) 沸騰する。
2. うちの息子ときたら、暇さえ (①あれば / ②あると) テレビばかり見ている。
3. その本は (①読むと / ②読めば) 読むほど面白くなる。
4. 彼女は英語も (①できれば / ②できたら) フランス語もできる。
5. 君のためを (①思えば / ②思ったら) こそ、こんなに厳しく言うのだ。

정답 1. ② 2. ① 3. ② 4. ① 5. ①

VOCA

예문 **ちり** 티끌 **積もる** 쌓이다 **花が咲く** 꽃이 피다 **小学校時代** 초등학교 시절 **運動場** 운동장 **薬** 약 **助かる** 살다 **質問** 질문 **肯定** 긍정 **否定** 부정

확인 문제 **沸騰** 비등, 끓어오름 **～ときたら** ~로 말하자면 **暇** 여유, 겨를 **テレビ** 텔레비전 **～ばかり** ~만, ~뿐 **英語** 영어 **フランス語** 프랑스어 **厳しい** 엄하다, 엄격하다

Unit. 10

가정법 2

「と」

N3

MP3 010

「と」가정법은 「AとB」의 형태로 A라는 게 성립하면 통상 B가 성립하는 반복적이고 항상적으로 성립하는 관계를 나타낼 때 사용한다. 따라서 주로 자연현상이나 습관, 기계의 조작이나 결과 등 예측 가능한 사항을 나타낼 때 사용하며, 길 안내 등의 확정적 조건이나 어떤 사실의 발견을 나타낼 때도 사용할 수 있다. 이러한 「と」가정법의 용법을 정리하면 다음과 같다.

① 필연적인 결과나 자연현상을 나타낸다.

예 雨(あめ)が降(ふ)る**と**、雪(ゆき)は解(と)けてしまう。☆★★
비가 내리면 눈은 녹아 버린다.

② 습관적인 일을 나타낸다.

예 彼(かれ)は朝起(あさお)きる**と**、すぐひげを剃(そ)る。☆★★
그 사람은 아침에 일어나면 바로 면도를 한다.

③ 예측 가능한 사항을 나타낸다.

예 ここにお金(かね)を入(い)れる**と**、切符(きっぷ)が出(で)てくる。☆★★
여기에 돈을 넣으면 표가 나온다.

④ 길 안내 등 확정적 조건을 나타낸다.

예 あの角(かど)を左(ひだり)に曲(ま)がる**と**、銀行(ぎんこう)がある。★★★
저 모퉁이를 왼쪽으로 돌면 은행이 있다.

⑤ '~하자', '~하니'라는 의미로 어떤 사실의 발견이나 의외의 일을 나타낸다.

예 デパートに行(い)く**と**、あいにく休(やす)みだった。☆★★
백화점에 가니 공교롭게도 휴일이었다.

고득점 비법

주로 필연적인 결과를 나타낼 때 사용하는 「と」가정법은 무조건 동사 기본형에 접속하며 뒷부분에 말하는 사람의 의지나 판단, 허가, 의견, 요구, 명령 등을 나타내는 표현이 올 수 없다는 제약이 있다. 따라서 「冬になると、スキーをするつもりだ(겨울이 되면 스키를 탈 생각이다)」라는 문장은 성립하지 않는다.

확인 문제

1. 4に4を (①足すと / ②足すなら)、8になる。
2. 私は朝 (①起きると / ②起きるなら)、すぐシャワーを浴びる。
3. このボタンを (①押すと / ②押すなら)、切符が出る。
4. あの角を右に (①曲がるなら / ②曲がると)、郵便局が見える。
5. 家へ (①帰れば / ②帰ると)、友達が私を待っていた。

정답 1. ① 2. ① 3. ① 4. ② 5. ②

VOCA

예문 **雪** 눈 **解ける** 녹다 **すぐ** 곧, 바로 **ひげを剃る** 수염을 깎다, 면도를 하다 **お金を入れる** 돈을 넣다 **切符** 표 **角** 모퉁이 **左に曲がる** 왼쪽으로 돌다 **銀行** 은행 **デパート** 백화점 **あいにく** 공교롭게도 **休み** 휴일

확인 문제 **足す** 더하다 **シャワーを浴びる** 샤워를 하다 **ボタン** 버튼 **押す** 누르다 **右に曲がる** 오른쪽으로 돌다 **郵便局** 우체국 **見える** 보이다 **帰る** 돌아가다 **待つ** 기다리다

Unit. 11

가정법 3

N3

「たら」

MP3 011

「たら」가정법은 일본어 가정법 중에서 가장 사용 범위가 넓은 가정법으로, 아직 발생하지 않은 사항을 나타내는 가정조건에도 이미 발생한 사항을 나타내는 확정조건에도 사용할 수 있다. 기본적으로 「たら」가정법은 한 번뿐인 일에 대해 말할 때 주로 사용하며 행위가 성립하는 상황의 설정을 나타내므로 뒷부분에는 명령, 의뢰, 금지, 의무, 허가, 권유 등의 표현이 모두 올 수 있다.

① 가정적인 상황이나 시간의 경과를 나타낸다.

예 仕事が終わったら、すぐ電話します。 ★★★
일이 끝나면(일이 끝난 후에) 바로 전화할게요.

② '~하자', '~하니'라는 의미로 어떤 사실의 발견이나 의외의 일을 나타낸다. 「と」가정법에 비해 다소 허물없는 표현이다.

예 食べてみたら、そんなに辛くはなかった。 ★★★
먹어 보니 그렇게 맵지는 않았다.

③ 어떤 일의 결과를 나타낸다.

예 この薬を飲んだら、風邪が完全に治った。 ★★★
이 약을 먹었더니 감기가 완전히 나았다.

④ 주관성이 강한 가정이기 때문에 과거, 현재, 미래에 모두 사용할 수 있다.

예 その本、読んだら貸してください。 ★★★
그 책, 읽으면 빌려주세요.

⑤ 행위가 성립하는 상황의 설정을 나타낸다.

예 1時間経っても電話がなかったら、帰ってもいいです。 ★★★
1시간이 지나도 전화가 없으면 돌아가도 돼요.

고득점 비법

「たら」가정법은 대부분의 경우 「ば」가정법으로 대체가 가능한데 「たら」가정법에는 가정적인 상황이나 시간의 경과를 나타내는 용법이 있지만 「ば」가정법에는 가정적인 의미밖에 없다. 따라서 「仕事が終わっ**たら**、伺います」는 '일이 끝나면, 일이 끝난 후에'처럼 두 가지 해석이 가능하지만 「仕事が終われ**ば**、伺います」는 '일이 끝나면'이라는 가정적인 의미밖에 없다.

확인 문제

1. 見た目はあまりよくないが、食べて (①みたら / ②みるなら) 意外と美味しかった。
2. 毎日運動 (①するなら / ②したら)、大分痩せた。
3. その本、(①読み終わるなら / ②読み終わったら) 貸してくださいませんか。
4. 理解 (①できないと / ②できなかったら)、いつでも質問してください。
5. 迎えに行きますから、駅に (①着いたら / ②着くと) 私に電話してください。

정답 1. ① 2. ② 3. ② 4. ② 5. ①

VOCA

예문 **仕事** 일 **電話する** 전화하다 **辛い** 맵다 **薬を飲む** 약을 먹다 **風邪** 감기 **完全に** 완전히 **治る** 낫다 **貸す** 빌려주다 **経つ** 지나다, 경과하다 **～てもいい** ~해도 좋다

확인 문제 **見た目** 겉모양 **あまり** 그다지, 별로 **意外と** 의외로 **運動** 운동 **大分** 꽤, 상당히 **痩せる** 살이 빠지다 **読み終わる** 다 읽다 **理解** 이해 **いつでも** 언제든지 **質問** 질문 **迎え** 마중 **동사 ます형+に** ~하러(동작의 목적) **駅** 역 **着く** 도착하다

Unit. 12	가정법 4 「なら」	N3 MP3 012

「なら」가정법은 실현 가능성이 희박한 사실의 가정, 가상적인 사항이나 사태, 몰랐던 사실에 대한 후회나 유감의 기분 등을 나타낼 때 사용한다. 또한 말하는 사람이 어떤 정보를 얻고 그것을 근거로 해 판단을 내리거나 상대방에게 권유, 추천, 조언, 충고, 요구, 판단 등을 할 때 사용한다. 이상의「なら」가정법의 용법을 정리하면 다음과 같다.

① 실현 가능성이 희박한 사실의 가정을 나타낸다.

예 できるものなら、最初(さいしょ)から人生(じんせい)をやり直(なお)したい。☆★★
가능하다면 처음부터 인생을 다시 시작하고 싶다.

② 가상적인 사항이나 사태를 나타낸다.

예 もし結婚(けっこん)するなら、朗(ほが)らかな人(ひと)がいいです。☆★★
만약 결혼한다면 명랑한 사람이 좋아요.

③ 몰랐던 사실에 대한 후회나 유감의 기분을 나타낸다.

예 彼(かれ)が行(い)くなら、私(わたし)は行(い)かなくてもよかったのに。☆★★
그 사람이 간다면 나는 가지 않아도 됐을 텐데.

④ 상대방의 이야기에 근거한 말하는 사람의 판단을 나타낸다.

예 「今度(こんど)の土曜日(どようび)、映画(えいが)を見(み)に行(い)きましょう。」
「いいですよ。土曜日(どようび)なら大丈夫(だいじょうぶ)です。」☆★★
"이번 토요일에 영화를 보러 가요."
"좋아요. 토요일이라면 괜찮아요."

⑤ 상대방에 대한 권유, 추천, 조언, 충고, 요구, 판단 등을 나타낸다.

예 東京(とうきょう)に行(い)くなら、ぜひ立(た)ち寄(よ)ってほしい場所(ばしょ)が「浅草(あさくさ)」というところです。☆★★
도쿄에 가면 꼭 들러 주었으면 하는 장소가 '아사쿠사'라는 곳이에요.

고득점 비법

「ば」,「と」,「たら」가정법은 사실인 것에 초점이 있지만「なら」가정법은 그 사태를 가정하는 것은 어디까지나 말하는 사람이고 그 가정은 인위적이라고 할 수 있다. 따라서「×春になる**なら**(→ ○なれば、なると)、花が咲く(봄이 되면 꽃이 핀다)」처럼 자연발생적 상태인 경우「なら」가정법은 사용할 수 없고「ば」나「と」가정법으로 나타내야 한다.

확인 문제

1. 私が (①鳥なら / ②鳥であれ)、空を飛んでみたい。
2. (①寒いと / ②寒いなら)、窓を閉めてもいいですよ。
3. あなたが (①行くなら / ②行くと)、 私も行きます。
4. お茶を (①飲むと / ②飲むなら)、あの店がいいです。
5. バーゲンに (①行くなら / ②行くと)、銀座がおすすめですよ。

정답 1. ① 2. ② 3. ① 4. ② 5. ①

VOCA

예문 **最初** 최초, 처음 **人生** 인생 **やり直す** 다시 하다 **もし** 만약 **結婚する** 결혼하다 **朗らかだ** 명랑하다 **~のに** ~인데도, ~이지만 **土曜日** 토요일 **映画** 영화 **大丈夫だ** 괜찮다 **ぜひ** 꼭, 부디 **立ち寄る** 들르다 **~てほしい** ~해 주었으면 한다 **場所** 장소

확인 문제 **鳥** 새 **空を飛ぶ** 하늘을 날다 **窓を閉める** 창문을 닫다 **お茶を飲む** 차를 마시다 **店** 가게 **バーゲン** 바겐세일 **おすすめ** 추천

Unit. 09~12 정리 및 복습하기

주요 어휘 및 표현 정리 20

어휘 및 표현	읽는 법	의미
□ 遊ぶ	あそぶ	놀다
□ 助かる	たすかる	살다
□ 肯定	こうてい	긍정
□ 否定	ひてい	부정
□ 沸騰	ふっとう	비등, 끓어오름
□ ~ときたら	●	~로 말하자면
□ 厳しい	きびしい	엄하다, 엄격하다
□ 解ける	とける	녹다
□ ひげを剃る	ひげをそる	수염을 깎다, 면도를 하다
□ 左に曲がる	ひだりにまがる	왼쪽으로 돌다
□ あいにく	●	공교롭게도
□ 足す	たす	더하다
□ シャワーを浴びる	シャワーをあびる	샤워를 하다
□ 治る	なおる	낫다
□ 経つ	たつ	지나다, 경과하다
□ 意外と	いがいと	의외로
□ 読み終わる	よみおわる	다 읽다
□ 理解	りかい	이해
□ 着く	つく	도착하다
□ 朗らかだ	ほがらかだ	명랑하다

복습 문제 10

유형1

❶ 部屋の掃除をしてくれれば、お小遣いをあげる。

Ⓐ 部屋の掃除をしなくてもお小遣いをあげる。

Ⓑ 部屋の掃除をしない場合はお小遣いをあげない。

Ⓒ 一生懸命部屋の掃除をしないと、お小遣いはもらえない。

Ⓓ 部屋の掃除をするしないにかかわらず、お小遣いをあげる。

❷ そこに行くたびに、楽しかった子供時代が思い出される。

Ⓐ 行ったついでに

Ⓑ 行くにしろ

Ⓒ 行くなら

Ⓓ 行くといつも

유형2

❸ 朝起きて窓を開ければ、鳥の声が聞こえました。
　　Ⓐ 起きて　Ⓑ 開ければ　Ⓒ 声　Ⓓ 聞こえました

❹ その銀行はこの道をまっすぐ行って左に曲がるなら ありますよ。
　　Ⓐ この　Ⓑ まっすぐ　Ⓒ 曲がるなら　Ⓓ あります

❺ これはただ薬を飲みさえすると治るという病気ではありません。必ず入院が必要です。
　　Ⓐ 飲み　Ⓑ すると　Ⓒ 必ず　Ⓓ 必要です

유형3

❻ 息子は朝________、すぐ水を飲む習慣がある。

Ⓐ 起きると　Ⓑ 起きるなら　Ⓒ 起きても　Ⓓ 起きないで

❼ 先生から連絡が________知らせてください。

Ⓐ あれば　Ⓑ あると　Ⓒ あったら　Ⓓ あるし

❽ もし韓国に________、夏より秋がいいと思います。

Ⓐ 行くなら　Ⓑ 行くと　Ⓒ 行けば　Ⓓ 行ったら

유형4

❾ いくら勉強を_____ _____ ★ _____ 。

Ⓐ やらなければ　Ⓑ 本人が　Ⓒ それまでだ　Ⓓ 強いても

❿ うちの父はお酒も ★ _____ _____ 、_____ 心配である。

Ⓐ たばこも　Ⓑ 飲めば　Ⓒ 吸うので　Ⓓ 健康が

Unit. 13

형식명사 1

N3

「うち」,「ため」,「ところ」

MP3 013

「うち」는 단순히 명사로 사용되면 '안(内)', '집(家)', '자신이 소속한 집단'이라는 의미이지만 「～うちに」의 형태로 사용되면 '~하는 동안에, ~하는 사이에'라는 의미를, 「～ないうちに」는 '~하기 전에'라는 의미를 나타낸다.

예 明(あか)るい**うちに**、さっさと帰(かえ)ろう。☆★★
밝을 동안에 얼른 돌아가자.

桜(さくら)が散(ち)ら**ないうちに**、花見(はなみ)に行(い)きましょう。☆★★
벚꽃이 지기 전에 꽃구경을 가요.

형식명사 「ため」는 보통 「ためになる」의 형태로 사용되어 '이익, 도움'이라는 의미를 나타내고 「～ため(に)」는 문장에 따라 '~을(를) 위하여(목적)', '~이기 때문에(원인이나 이유)'라는 의미로 사용된다.

예 昨日(きのう)の先生(せんせい)の話(はなし)は、とても**ためになった**。☆★★
어제 선생님 이야기는 아주 도움이 되었다.

人身事故(じんしんじこ)の**ため**、電車(でんしゃ)が遅延(ちえん)になった。☆★★
인신사고 때문에 전철이 지연되었다.

마지막으로 형식명사 「ところ」는 앞부분의 동사 형태에 따라 의미가 달라지는데 「동사 기본형+ところだ」는 '~하려던 참이다', 「동사 진행형+ところだ」는 '~하고 있는 중이다', 「동사 た형+ところだ」는 '막 ~했다, 방금 ~했다'라는 의미를 나타낸다.

예 ちょうど今朝(いまあさ)ご飯(はん)を食(た)べた**ところ**です。☆★★
마침 방금 아침을 다 먹었어요.

고득점 비법

동작이 행해지는 장소나 상황을 나타내는 형식명사 「ところ」는 「동사 た형+ところ(~했더니, ~한 결과)」, 「お忙(いそが)しいところ(を)(바쁘신 중에)」, 「危(あや)うく～ところだった(하마터면 ~할 뻔했다)」, 「동사 た형+ところで(~해 봤자, ~한들)」, 「～ているところを見(み)ると(~하고 있는 것을 보니)」 등의 표현도 자주 출제되므로 함께 기억해 두도록 하자.

확인 문제

1. 両親(りょうしん)が (①元気(げんき)だ / ②元気(げんき)な) うちに、色々(いろいろ)なところに旅行(りょこう)に行(い)きたい。
2. (①冷(さ)める / ②冷(さ)めない) うちにどうぞ召(め)し上(あ)がってください。
3. 定員数(ていいんすう)に達(たっ)しなかった (①ように / ②ため)、このイベントは中止(ちゅうし)です。
4. これから英語(えいご)の勉強(べんきょう)を (①する / ②した) ところです。
5. 今(いま)から (①行(い)った / ②行(い)こう) ところで、もう遅(おそ)いだろう。

정답 1. ② 2. ② 3. ② 4. ① 5. ①

VOCA

예문 **明(あか)るい** 밝다 **さっさと** 빨리, 지체 없이 **帰(かえ)る** 돌아가다 **桜(さくら)が散(ち)る** 벚꽃이 지다 **花見(はなみ)** 꽃구경 **人身事故(じんしんじこ)** 인신사고(자동차, 철도 등의 사고로 사람이 부상을 입거나 사망하는 것) **電車(でんしゃ)** 전철 **遅延(ちえん)** 지연 **ちょうど** 마침 **朝(あさ)ご飯(はん)** 아침식사

확인 문제 **両親(りょうしん)** 양친, 부모님 **元気(げんき)だ** 건강하다 **旅行(りょこう)に行(い)く** 여행을 가다 **冷(さ)める** 식다 **召(め)し上(あ)がる** 드시다 **定員数(ていいんすう)** 정원 수 **達(たっ)する** 달하다 **これから** 이제부터 **もう** 이제, 이미 **遅(おそ)い** 늦다

Unit. 14

형식명사 2

「わけ」,「はず」

N2

MP3 014

형식명사 「わけ」는 명사로 사용될 때는 '뜻, 의미', '이유, 까닭'이라는 의미를 나타내고 문법표현으로는 주관적인 판단에 근거한 당연함을 나타내는 「~わけがない(~일 리가 없다)」, 부분적인 부정을 나타내는 「~わけではない(~인 것은 아니다)」, 불가능함을 나타내는 「~わけにはいかない(~할 수는 없다)」가 있다.

예 この旅行に彼が参加する**わけがない**。☆★★
이 여행에 그 사람이 참가할 리가 없다.

納豆は好きではないが、食べない**わけではない**。☆★★
낫토는 좋아하지는 않지만 안 먹는 것은 아니다.

明日から試験なので、遊んでいる**わけにはいかない**。★★★
내일부터 시험이니까 놀고 있을 수는 없다.

형식명사 「はず」를 사용한 문법표현으로는 당연이나 확언, 이유, 결론을 나타내는 「~はずだ(~일 것이다, ~일 터이다)」, 객관적인 근거를 토대로 당연함을 나타내는 「~はずがない(~일 리가 없다)」가 있다.

예 さっき電話がありましたから、もうすぐ着く**はずです**。☆☆★
조금 전에 전화가 있었으니까 이제 곧 도착할 거예요.

生物を食べない彼女が「さしみが食べたい」と言う**はずがない**。☆★★
날로 된 음식을 안 먹는 그녀가 "회가 먹고 싶다"고 말할 리가 없다.

고득점 비법

「～わけにはいかない」는 '~할 수는 없다'는 의미로 불가능을 나타내는데 「～ないわけにはいかない」는 사회적, 도덕적, 심리적 이유 등으로 '~하지 않을 수는 없다, ~해야만 한다'라는 의미를 나타낸다. 이 표현과 비슷한 의미의 표현으로는 「～しかない(~할 수밖에 없다)」, 「～よりほかはない(~할 수밖에 없다)」, 「～なければならない(~하지 않으면 안 된다)」, 「동사 ない형+ざるを得ない(~하지 않을 수 없다)」가 있다.

확인 문제

1. 別に (①はず / ②わけ) もなく子供を殴るなんて、最低だ。
2. 根拠のないこの主張が彼に通じる (①わけではない / ②わけがない) 。
3. 彼女は学生時代、勉強ばかりしていた (①わけではない / ②わけにはいかない) 。
4. せっかく招待してくれたのだから、(①行かないわけにはいかない / ②行くわけがない) 。
5. 彼がそんな出鱈目な嘘をつく (①はずがない / ②はずだ) 。

정답 1. ② 2. ② 3. ① 4. ① 5. ①

VOCA

예문 **旅行** 여행 **参加する** 참가하다 **納豆** 낫토, 콩을 발효시켜 만든 음식 **好きだ** 좋아하다 **試験** 시험 **もうすぐ** 이제 곧 **着く** 도착하다, 착석하다 **生物** 날로 된 음식 **さしみ** 회

확인 문제 **別に** 특별히 **殴る** 때리다 **～なんて** ~라니, ~하다니 **最低** 최저, 최악 **根拠** 근거 **主張** 주장 **通じる** 통하다 **学生時代** 학생시절, 학창시절 **せっかく** 모처럼 **招待する** 초대하다 **～てくれる** ~해 주다 **出鱈目** 엉터리 **嘘をつく** 거짓말을 하다

Unit. 15

형식명사 3

「こと」

N2

MP3 015

형식명사「こと」는 추상적인 사항이나 대체할 수 있는 명사가 없는 경우에 사용한다.「こと」를 사용한 문법표현은 상당히 많은데 그 중에서 대표적인 표현으로는 과거의 경험을 나타내는 「동사 た형+ことがある(~한 적이 있다)」, 때때로 그러한 경우가 있음을 나타내는「동사 기본형+ことがある(~할 때가 있다, ~하는 경우가 있다)」가 있다. 또한 주체의 의지와 상관없이 결정되거나 결정된 결과를 나타내는「~ことになる(~하게 되다)」와 주체의 의지로 결정함을 나타내는「~ことにする(~하기로 하다)」가 있으며, 충고, 명령, 주장, 감탄을 나타내는「~ことだ(~해야 한다, ~일 따름이다)」, 어떤 사람의 성격이나 행동패턴에 근거해 판단을 내릴 때 사용하는「~ことだから(~이기 때문에)」 등이 있다.

예

鈴木(すずき)さんはヨーロッパに行(い)った**ことがあり**ますか。★★★
스즈키 씨는 유럽에 간 적이 있나요?

来週(らいしゅう)、韓国(かんこく)へ出張(しゅっちょう)に行(い)く**ことになり**ました。★★★
다음 주 한국에 출장을 가게 되었어요.

最近(さいきん)、ちょっと太(ふと)り気味(ぎみ)なので、明日(あした)から運動(うんどう)する**ことにし**ました。★★★
최근 조금 살이 찐 느낌이어서 내일부터 운동하기로 했어요.

健康(けんこう)のためにも、たばこは止(や)める**ことだ**。★★★
건강을 위해서라도 담배는 끊어야 한다.

真面目(まじめ)な彼(かれ)の**ことだから**、まだ勉強(べんきょう)しているに違(ちが)いない。★★★
성실한 그 사람이니까 아직 공부하고 있음에 틀림없다.

고득점 비법

기타 「こと」를 사용한 문법표현으로는 「～ことはない(~할 것은 없다, ~할 필요는 없다)」, 「～ことになっている(~하기로 되어 있다, ~할 예정이다)」, 「～ことなしに(~하는 일 없이)」, 감탄이나 감개 등을 나타내는 「～ことか(~인가)」, 규칙이나 습관을 나타내는 「～ことにしている(~하기로 하고 있다)」, 감정을 나타내는 い형용사나 동사에 접속하는 「～ことに(~하게도)」, 원인이나 이유를 나타내는 「～こととて(~라서, ~이기 때문에)」, 전해들은 말을 나타내는 「～ということだ(~라고 한다)」 등이 있다.

확인 문제

1. 前田さんは外国に (①行った / ②行こう) ことがありますか。
2. もうすぐ大学卒業だし、私もそろそろ就活を始める (①ことになった / ②ことにした) 。
3. 休日には仕事のことを考えずに十分に休む (①ことだ / ②ところだ) 。
4. よく朝寝坊する彼の (①ことだから / ②ことなしに)、まだ寝ているだろう。
5. 嬉しい (①こととて / ②ことに) 、明日旧友に会えるんです。

정답 1. ① 2. ② 3. ① 4. ① 5. ②

VOCA

예문 **ヨーロッパ** 유럽 **出張に行く** 출장을 가다 **太る** 살이 찌다 **～気味** ~한 기운, ~한 느낌 **運動する** 운동하다 **健康** 건강 **～のために** ~을(를) 위해서(목적) **たばこ** 담배 **止める** 그만두다, 끊다 **真面目だ** 성실하다 **～に違いない** ~임에 틀림없다

확인 문제 **外国** 외국 **そろそろ** 슬슬 **就活** 취업 준비 **休日** 휴일 **～ずに** ~하지 않고, ~하지 말고 **十分に** 충분히 **休む** 쉬다 **朝寝坊** 늦잠을 잠, 늦잠꾸러기 **寝る** 자다 **嬉しい** 기쁘다 **旧友** 옛친구

Unit. 16

형식명사 4

「もの」

N2

MP3 016

형식명사「もの」는 구체적인 사물이나 눈에 보이는 '것'을 나타낼 때 사용한다.「もの」를 사용한 문법표현으로는 일반적인 이유나 변명에 사용하는「～ものだから(~이기 때문에)」, 상식, 진리, 본성, 습성을 나타내는「～ものだ(~인 법이다)」, 동사 た형에 접속해 과거에 했던 일을 그리워하는 기분으로 말할 때 사용하는「～たものだ(~하곤 했다)」가 있다. 또한 강한 반대나 부정의 기분을 나타내는「～ものか(~할까 보냐)」, 왠지 그러한 느낌이나 감정이 들 때 사용하는「～ものがある(~인 것이 있다)」, 실현 가능성이 희박한 것을 가정할 때 사용하는「～ものなら(~라면)」가 있다. 그리고 어떤 사실을 일단은 인정을 하고 그것과 상반되거나 모순된 일이 전개됨을 나타내는「～ものの(~이지만)」, 후회, 원망, 유감의 기분을 나타낼 때 사용하는「～ものを(~했을 것을, ~했을 텐데)」, 어떤 사실에 대해 아랑곳하지 않음을 나타내는「～をものともせず(~을(를) 아랑곳하지 않고)」 등이 있다.

예

人の心はなかなか分からない**ものだ**。☆★★
사람의 마음은 좀처럼 알 수 없는 법이다.

昔、この公園でよく遊ん**だものだ**。☆★★
옛날에 이 공원에서 자주 놀곤 했다.

あんな不親切な店、二度と行く**ものか**。☆★★
저런 불친절한 가게, 두 번 다시 갈까 보냐.

自分なりに頑張った**ものの**、試験に落ちてしまった。★★★
내 나름대로 노력했지만 시험에 떨어져 버렸다.

その大統領は多くの非難**をものともせず**、改革を進めていった。★★★
그 대통령은 많은 비난을 아랑곳하지 않고 개혁을 진행시켜 갔다.

고득점 비법

형식명사「もの」와「こと」는 형태가 동일한 문법표현이 많으므로 의미나 용법을 정확하게 구분해 두어야 한다. 그러한 표현으로는「~ものがある(~인 것이 있다) - ~ことがある(~할 때가 있다)」,「~ものか(~할까 보냐) - ~ことか(~인가)」,「~ものだ(~인 법이다) - ~ことだ(~해야 한다)」,「~ものだから(~이기 때문에) - ~ことだから(~이기 때문에)」가 있는데 특히「~ものだから」와「~ことだから」는 의미도 동일하기 때문에 구분이 쉽지 않다. 이 두 문법표현은 간단히 접속으로 구분이 가능한데,「~ものだから」앞에는 동사가 오고「~ことだから」는「성격이나 행동 패턴+の+ことだから」의 형태로 사용되므로 앞에는 반드시 조사「の」가 온다.

확인 문제

1. どんな時も健康は大切にする (①ものだ / ②ものか)。
2. 幼い時、あそこによく (①行った / ②行く) ものだ。
3. あんな無礼な人と二度と話をする (①ものがある / ②ものか)。
4. 新しいコンピューターを買った (①ものの / ②ものだから)、まだ一度も使っていない。
5. 朝寝坊をしてしまった (①ものだから / ②ものの)、会社に遅刻して上司に怒られた。

정답 1. ① 2. ① 3. ② 4. ① 5. ①

VOCA

예문 **なかなか** 좀처럼 **昔** 옛날 **公園** 공원 **遊ぶ** 놀다 **不親切だ** 불친절하다 **二度と** 두 번 다시 **~なりに** ~나름대로 **頑張る** 분발하다, 노력하다 **試験** 시험 **落ちる** 떨어지다 **大統領** 대통령 **非難** 비난 **改革** 개혁 **進める** 진행시키다

확인 문제 **健康** 건강 **大切にする** 소중히 하다 **幼い** 어리다 **無礼だ** 무례하다 **新しい** 새롭다 **コンピューター** 컴퓨터 **使う** 쓰다, 사용하다 **朝寝坊をする** 늦잠을 자다

Unit. 13～16 정리 및 복습하기

주요 어휘 및 표현 정리 20

어휘 및 표현	읽는 법	의미
□ 明るい	あかるい	밝다
□ さっさと	●	빨리, 지체 없이
□ 遅延	ちえん	지연
□ 召し上がる	めしあがる	드시다
□ 参加する	さんかする	참가하다
□ 生物	なまもの	날로 된 음식
□ 根拠	こんきょ	근거
□ 通じる	つうじる	통하다
□ 招待する	しょうたいする	초대하다
□ 出鱈目	でたらめ	엉터리
□ ～気味	～ぎみ	~한 기운, ~한 느낌
□ 真面目だ	まじめだ	성실하다
□ ～に違いない	～にちがいない	~임에 틀림없다
□ そろそろ	●	슬슬
□ 就活	しゅうかつ	취업 준비
□ ~なりに	●	~나름대로
□ 非難	ひなん	비난
□ 進める	すすめる	진행시키다
□ 幼い	おさない	어리다
□ 朝寝坊をする	あさねぼうをする	늦잠을 자다

복습 문제 10

유형1

❶ さしみは食べないわけではない。

Ⓐ さしみを食べる時もある。 Ⓑ さしみはいつも食べている
Ⓒ さしみはあまり食べたくない Ⓓ さしみは今まで食べたことがない

❷ 彼と彼女は周囲の反対をものともせず、結婚した。

Ⓐ をよそに Ⓑ をきっかけに Ⓒ をかわきりに Ⓓ に伴って

❸ わけもなく子供を叱るのはよくない。

Ⓐ あの会社の売上上昇にはわけがある。
Ⓑ いくら辛くても、ここで諦めるわけにはいかない。
Ⓒ 彼はお酒を飲むと、わけの分からないことばかり言う。
Ⓓ 会社に行けないわけではないが、風邪気味で体がだるい。

유형2

❹ 私も健康の(Ⓐ)ために、毎朝30分ぐらい(Ⓑ)公園を(Ⓒ)散歩することになった(Ⓓ)。

❺ 休日には(Ⓐ)仕事のことは一切(Ⓑ)考えずに(Ⓒ)十分に休むものだ(Ⓓ)。

❻ この分野の専門家(Ⓐ)である彼のアドバイス(Ⓑ)を無視するわけにはいけず(Ⓒ)、参考にすることにした(Ⓓ)。

유형3

❼ 幸いな________、全員あの悪夢のような火災を免れた。

Ⓐ ことなしに Ⓑ ことだから Ⓒ ことに Ⓓ こととて

❽ 運転中突然犬が飛び出してきて危うく事故になる________だった。

Ⓐ もの Ⓑ ところ Ⓒ わけ Ⓓ こと

유형4

❾ いつも ____ ____ ____ ★ 、もうすぐ来ますよ。

Ⓐ 正確な Ⓑ 彼女の Ⓒ ことだから Ⓓ 時間に

❿ ____ ____ ____ ★ 、まだ寒い日が続いている。

Ⓐ 立春とは Ⓑ ものの Ⓒ 言う Ⓓ もうすぐ

Unit. 17

조사

N2

「きり」,「こそ」,「すら」,「だに」,「つつ」

MP3 017

조사 「きり」는 명사에 접속해 '~밖에', 동사 た형에 접속해 '~한 후, ~한 후로'라는 의미를 나타낸다.

예 彼女(かのじょ)とは卒業(そつぎょう)した**きり**、一度(いちど)も会(あ)っていない。☆★★
그녀와는 졸업한 후로 한 번도 만나지 못했다.

조사 「こそ」는 '~야 말로'라는 의미가 기본이지만, 「~からこそ(~이기 때문에)」, 「~ばこそ(~이기 때문에, ~이기에)」 등의 문법표현으로도 사용된다.

예 値段(ねだん)が安(やす)い**からこそ**、よく売(う)れているのだろう。☆★★
가격이 싸기 때문에 잘 팔리고 있는 것이겠지.

조사 「すら」는 '~조차'라는 의미인데, 판단의 기준이 되는 극단적이거나 최소한의 정도를 나타내는 대상을 예로서 제시할 때 사용한다. 조사 「だに」도 '~조차'라는 의미인데, 극단적인 예를 제시하여 강조할 때 사용한다는 점에서는 「すら」와 비슷하지만 「だに」가 좀더 딱딱하고 문어적인 표현이다.

예 驚(おどろ)いたあまり、挨拶(あいさつ)すること**すら**忘(わす)れてしまった。☆★★
놀란 나머지 인사하는 것조차 잊어버렸다.

彼(かれ)がそんなことをするとは、想像(そうぞう)**だに**しなかった。★★★
그 사람이 그런 일을 하다니 상상조차 못했다.

조사 「つつ」는 동사 ます형에 접속해 '~하면서(동시동작)', '~이지만(역접)'이라는 의미를 나타낸다. 또한 「~つつある」의 형태로 사용되면 '~하는 중이다'라는 의미를 나타낸다.

예 悪(わる)いと知(し)り**つつ**、またやってしまった。★★★
나쁘다고는 알지만 또 해 버렸다.

고득점 비법

기타 조사로는 '~조차'라는 의미의 「さえ」, '~밖에'라는 의미의 「しか」, '~씩'이라는 의미의 「ずつ」, '~뿐, ~만'이라는 의미의 「だけ」, '~일지라도'라는 의미의 「とも」, '~라든지, ~라도'라는 의미의 「なり」, '~뿐, ~만'이라는 의미의 「のみ」, '~인지, ~인가'라는 의미의 「やら」, '~부터'라는 의미의 「より」 등이 있다.

확인 문제

1. あなたを思(おも)えば (①こそ / ②なり)、話(はな)してあげるのだ。
2. 彼(かれ)はまだひらがな (①のみ / ②すら) きちんと書(か)けない。
3. そんなことが起(お)きるとは、予想(よそう) (①やら / ②だに) しなかった。
4. 最近(さいきん)、結婚(けっこん)しない若者(わかもの)が (①増(ふ)え / ②増(ふ)える) つつある。
5. 本日(ほんじつ)の会議(かいぎ)は午後(ごご)2時(じ) (①こそ / ②より) 行(おこな)います。

정답 1. ① 2. ② 3. ② 4. ① 5. ②

VOCA

예문 **卒業(そつぎょう)する** 졸업하다 **一度(いちど)も** 한 번도 **値段(ねだん)** 가격 **売(う)れる** 팔리다 **驚(おどろ)く** 놀라다 **~あまり** ~한 나머지 **挨拶(あいさつ)する** 인사하다 **忘(わす)れる** 잊다 **~とは** ~라니, ~하다니 **想像(そうぞう)** 상상

확인 문제 **~てあげる** (내가 남에게) ~해 주다 **きちんと** 제대로, 확실히 **起(お)きる** 일어나다, 발생하다 **予想(よそう)** 예상 **結婚(けっこん)する** 결혼하다 **若者(わかもの)** 젊은이 **増(ふ)える** 늘다, 늘어나다 **本日(ほんじつ)** 금일, 오늘 **会議(かいぎ)** 회의 **午後(ごご)** 오후 **行(おこな)う** 행하다, 실시하다

Unit. 18

고어 표현 1

「ず」

N1

MP3 018

고어 조동사 「ず」는 「～ない(~하지 않다)」의 문어체 표현으로 부정을 나타내며 현대 일본어에서는 문장체나 관용표현으로 사용된다. 동사나 형용사 등에 접속할 때 「～ず(に)」의 형태로 자주 사용되는데, 「する(하다)」의 경우 「せず」가 된다. 명사를 수식할 때는 「～ざる」나 「～ぬ」, 가정형 「～ば」에 접속할 때는 「～ねば」가 된다.

예

彼はその約束を忘れ**ずに**覚えていてくれた。☆★★
그 사람은 약속을 잊지 않고 기억하고 있어 주었다.

彼は何も言わ**ずに**ただ彼女をじっと見ていた。☆★★
그 사람은 아무 것도 말하지 않고 그저 그녀를 가만히 보고 있었다.

未だ知られ**ざる**人体の不思議についてご紹介いたします。★★★
아직까지 알려지지 않은 인체의 불가사의에 대해 소개하겠습니다.

彼が犯人であるという動か**ぬ**証拠が発見された。★★★
그 사람이 범인이라는 확실한 증거가 발견되었다.

誰であれ、人は食べ**ねば**生きてはいけない。★★★
누구든지 인간은 먹지 않으면 살아갈 수 없다.

고득점 비법

고어 조동사「~ず」에서 파생된 문법표현은 상당히 많다. 대표적인 표현으로는「~ずじまい(~하지 않고 끝남)」,「~ずにはいられない(~하지 않고는 있을 수 없다, ~하지 않고는 견딜 수 없다)」,「~ずにはおかない(반드시 ~하다)」,「~ずにはすまない(~하지 않고는 끝나지 않는다, 반드시 ~하다)」,「~ざるを得ない(~하지 않을 수 없다)」,「~ねばならぬ(~하지 않으면 안 되는)」,「やむを得ず(어쩔 수 없이)」,「~にかかわらず(~에 관계없이)」,「~にもかかわらず(~임에도 불구하고)」,「~のみならず(~뿐만 아니라)」,「~を問わず(~을(를) 불문하고)」,「~にとどまらず(~뿐만 아니라)」,「~はいざ知らず(~은(는) 모르겠지만)」 등이 있다.

확인 문제

1. この会は年齢 (①を問わず / ②にもかかわらず)、誰でも参加できる。
2. 彼の横柄な態度に、私は一言言わずには (①いられなかった / ②いられた) 。
3. みんな出席するのなら、私も (①行かずにはすまない / ②行かずじまい) だろう。
4. 先生に言われたことなので、行か (①ずじまいだ / ②ざるを得ない) 。
5. ここでは性別 (①のみならず / ②にかかわらず)、有能な人材を募集している。

정답 1. ① 2. ① 3. ① 4. ② 5. ②

VOCA

예문 **約束** 약속 **忘れる** 잊다 **覚える** 기억하다 **ただ** 단지, 그저 **じっと** 가만히 **未だ** 아직까지 **知られる** 알려지다 **人体** 인체 **不思議** 불가사의 **紹介** 소개 **犯人** 범인 **動かぬ証拠** 움직이지 못하는 증거, 확실한 증거 **発見する** 발견하다 **~であれ** ~라고 해도, ~든

확인 문제 **会** 모임 **年齢** 연령 **横柄だ** 건방지다 **態度** 태도 **一言** 한 마디 **出席する** 출석하다 **性別** 성별 **有能だ** 유능하다 **人材** 인재 **募集する** 모집하다

Unit. 19

고어 표현 2

「べし」

N1

MP3 019

고어 조동사 「べし」는 그렇게 하는 것이 당연하거나 마땅히 그렇게 해야 함을 나타낼 때 사용한다. 기본형은 「～べし」인데 동사나 형용사 등에 접속할 때는 「～べく」가 된다. 또한 명사를 수식할 때는 「～べき」, 부정의 의미를 나타낼 때는 「～べから」인데 「～べから」는 「～ず(~하지 않다)」 등의 다른 고어 조동사와의 결합도 가능하다. 참고로 「～べからず」는 보통 문말에 사용되어 '~해서는 안 된다'라는 의미이고, 「～べからざる」가 되면 명사를 수식하는 형태로 '~해서는 안 되는'이라는 의미를 나타낸다.

예

場内(じょうない)では静(しず)かにすべし。★★★
장내에서는 조용히 할 것(해야 한다).

御社(おんしゃ)の期待(きたい)に応(こた)えるべく、全力(ぜんりょく)を尽(つ)くしております。☆☆★
귀사의 기대에 부응하기 위해 전력을 다하고 있어요.

自分(じぶん)の進(すす)むべき道(みち)が、まだよく分(わ)からない。☆★★
자신이 나아가야 할 길을 아직 잘 모르겠다.

芝生(しばふ)に入(はい)るべからず。☆☆★
잔디밭에 들어가지 말 것(들어가서는 안 된다).

彼(かれ)のしたことは、許(ゆる)すべからざる行為(こうい)である。★★★
그 사람이 한 일은 용서해서는 안 되는 행위이다.

고득점 비법

고어 조동사「べし」는 모든 동사의 기본형에 접속이 가능한데 '~해야만 하는'의 경우에는「するべき」와「すべき」의 두 가지 형태가 가능하다.「するべき」는 현대 일본어「する(하다)」의 기본형에 접속한 형태이고「すべき」의「す」는 '하다'의 고어 동사인「す(為)」의 기본형에 접속한 형태인데,「するべき」보다「すべき」의 형태로 사용되는 경우가 일반적이다.

확인 문제

1. 科学者(かがくしゃ)たちは理想(りそう)を実現(じつげん)す (①べし / ②べく) 、様々(さまざま)な新技術(しんぎじゅつ)をこの機械(きかい)に投(とう)じた。
2. ここは後世(こうせい)に残(のこ)す (①べく / ②べき) 美(うつく)しい森(もり)である。
3. ここに落書(らくが)きする (①べき / ②べからず) 。
4. 現代社会(げんだいしゃかい)においてパソコンは欠(か)く (①べき / ②べからざる) 存在(そんざい)となっている。
5. 彼(かれ)の言(い)ったことは、政治家(せいじか)として許(ゆる)す (①べからざる / ②べからず) 発言(はつげん)であった。

정답 1. ② 2. ② 3. ② 4. ② 5. ①

VOCA

예문 **場内**(じょうない) 장내 **静**(しず)**かだ** 조용하다 **御社**(おんしゃ) 귀사(상대방 회사의 높임말) **期待**(きたい) 기대 **応**(こた)**える** 부응하다 **全力**(ぜんりょく)**を尽**(つ)**くす** 전력을 다하다 **～ておる** ~하고 있다(「～ている」의 겸양 표현) **進**(すす)**む** 나아가다 **道**(みち) 길 **芝生**(しばふ) 잔디밭 **許**(ゆる)**す** 용서하다, 허락하다 **行為**(こうい) 행위

확인 문제 **科学者**(かがくしゃ) 과학자 **理想**(りそう) 이상 **実現**(じつげん)**する** 실현하다 **新技術**(しんぎじゅつ) 신기술 **機械**(きかい) 기계 **投**(とう)**じる** 던지다, 집어넣다 **後世**(こうせい) 후세 **残**(のこ)**す** 남기다 **森**(もり) 숲 **落書**(らくが)**き** 낙서 **現代社会**(げんだいしゃかい) 현대사회 **欠**(か)**く** 부족하다, 빠뜨리다 **存在**(そんざい) 존재 **政治家**(せいじか) 정치가 **～として** ~로서 **発言**(はつげん) 발언

Unit. 20

기타 고어 표현

「まい」,「ごとし」,「まじき」,「たる」

N1

MP3 020

고어 조동사 「まい」는 '~하지 않을 것이다'라는 의미인 부정의 추량과 '~하지 않겠다'라는 의미인 부정의 의지를 나타내는 용법이 있다. 문법표현으로는 「~ではあるまいし(~은(는) 아닐 텐데)」와 「~(よ)うが~まいが(~하든 ~하지 않든)」 등이 있다.

예 ここにはもう来(く)る**まい**と思(おも)っていたが、結局(けっきょく)来(き)てしまった。☆★★
이곳에는 이제 오지 않을 거라고 생각했는데 결국 와 버렸다. (부정의 추량)

二度(にど)とこんな過(あやま)ちは繰(く)り返(かえ)す**まい**。☆★★
두 번 다시 이런 잘못은 되풀이하지 않겠다. (부정의 의지)

추량을 나타내는 「ごとし(~와(과) 같다)」는 명사를 수식할 때는 「~ごとき(~와(과) 같은)」가 되고 동사나 형용사 등에 접속할 때는 「~ごとく(~처럼)」의 형태로 사용된다.

예 彼(かれ)の**ごとき**人物(じんぶつ)は、もう現(あらわ)れないだろう。★★★
그 사람과 같은 인물은 이제 나타나지 않을 것이다.

동사 기본형에 접속하는 조동사 「まじき」는 '~해서는 안 되는'이라는 의미로 금지를 나타낼 때 사용한다.

예 小(ちい)さい子供(こども)を殴(なぐ)るなんて、先生(せんせい)としてある**まじき**行為(こうい)である。★★★
어린 아이를 때리다니 선생님으로서 있어서는 안 되는 행위이다.

조동사 「たる」는 직업을 나타내는 말에 접속해 '~인, ~된'이라는 의미를 나타낸다.

예 教師(きょうし)**たる**者(もの)は、いつも生徒(せいと)の模範(もはん)にならなければならない。★★★
교사인 사람은 항상 학생의 모범이 되지 않으면 안 된다.

고득점 비법

기타 고어 표현으로는 「숫자+たりとも(단 ~라도, 비록 ~라도)」, 「~なりとも(~만이라도, ~든지)」, 「~ならでは(~만의, ~이(가) 아니면 없을)」, 「~ともあろう(명색이 ~인)」, 「동사 ない형+んがため(~하기 위해)」, 「동사 ない형+んばかり(금방이라도 ~할 듯이)」 등이 있다.

확인 문제

1. 私が行こうが (①行く / ②行こう) まいが、君とは関係ない。
2. 今回の (①ごとき / ②ごとく) 事件は、二度と起きてはならない。
3. 賄賂をもらうなんて、政治家としてある (①たる / ②まじき) ことだ。
4. もうすぐ試験だから、これからは1分 (①どれ / ②たりとも) 無駄にはできない。
5. 彼は子供を (①救わ / ②救う) んがため、川に飛び込んだ。

정답 1. ① 2. ① 3. ② 4. ② 5. ①

VOCA

예문 **結局** 결국 **過ち** 실수, 잘못 **繰り返す** 되풀이하다, 반복하다 **人物** 인물 **現れる** 나타나다 **小さい** 작다, 어리다 **殴る** 때리다 **教師** 교사 **生徒** 학생 **模範** 모범 **~なければならない** ~하지 않으면 안 된다

확인 문제 **関係** 관계 **事件** 사건 **起きる** 일어나다, 발생하다 **賄賂** 뇌물 **もらう** 받다 **もうすぐ** 이제 곧 **試験** 시험 **無駄だ** 헛되다, 소용이 없다 **救う** 구하다 **飛び込む** 뛰어들다

Unit. 17～20 정리 및 복습하기

주요 어휘 및 표현 정리 20

어휘 및 표현	읽는 법	의미
□ **卒業する**	そつぎょうする	졸업하다
□ **値段**	ねだん	가격
□ **驚く**	おどろく	놀라다
□ **想像**	そうぞう	상상
□ **起きる**	おきる	일어나다, 발생하다
□ **覚える**	おぼえる	기억하다
□ **未だ**	いまだ	아직까지
□ **紹介**	しょうかい	소개
□ **発見する**	はっけんする	발견하다
□ **参加する**	さんかする	참가하다
□ **人材**	じんざい	인재
□ **募集する**	ぼしゅうする	모집하다
□ **御社**	おんしゃ	귀사
□ **全力を尽くす**	ぜんりょくをつくす	전력을 다하다
□ **行為**	こうい	행위
□ **落書き**	らくがき	낙서
□ **繰り返す**	くりかえす	되풀이하다, 반복하다
□ **模範**	もはん	모범
□ **賄賂**	わいろ	뇌물
□ **無駄だ**	むだだ	헛되다, 소용이 없다

복습 문제 10

유형1

❶ こんな事件が起きるなんて、想像だにしなかった。

Ⓐ 想像さえ　Ⓑ 想像だけ　Ⓒ 想像ほど　Ⓓ 想像ばかり

❷ このボランティア活動には年齢を問わず、誰でも参加できる。

Ⓐ 年齢をおいて　Ⓑ 年齢をもって　Ⓒ 年齢はさておいて　Ⓓ 年齢にかかわらず

❸ あんな不親切な店、二度と行くまい。

Ⓐ もうお酒は飲むまいと誓った

Ⓑ 彼の意見に反対する人はいるまい。

Ⓒ だいぶ暖かくなったから、もう雪は降るまい。

Ⓓ 子供じゃあるまいし、一人で留守番くらいできるだろう。

유형2

❹ 警察官にもあろう者が暴力団に賄賂をもらうとは、許しがたいことだ。
(Ⓐ にもあろう　Ⓑ 賄賂　Ⓒ とは　Ⓓ がたい)

❺ 最近、経済的に不安定なため、結婚したがらない若者が増えつつするという。
(Ⓐ 経済的に　Ⓑ ため　Ⓒ したがらない　Ⓓ する)

유형3

❻ 本日は当店＿＿＿＿の旬の食材を使った料理をお楽しみくださいませ。

Ⓐ のみならず　Ⓑ ならでは　Ⓒ べき　Ⓓ んばかりに

❼ 彼は娘を＿＿＿＿んがため、自分の命を落とした。

Ⓐ 救い　Ⓑ 救う　Ⓒ 救わ　Ⓓ 救おう

❽ 業者から金品を受け取るとは、公務員にある＿＿＿＿ことだ。

Ⓐ ごとき　Ⓑ まじき　Ⓒ たる　Ⓓ べからず

유형4

❾ ひどく叱られた息子は、＿＿＿ ＿＿＿ ＿★＿ ＿＿＿ をしていた。

Ⓐ 泣き出さ　Ⓑ んばかりの　Ⓒ 顔　Ⓓ 今にも

❿ 案を出した人たちは、＿＿＿ ＿＿＿ ＿＿＿ ＿★＿ だろう。

Ⓐ 反対　Ⓑ この決定に　Ⓒ せずには　Ⓓ いられない

CHAPTER

2

필수 문형 끝장내기

loading...

앞으로 배울 N2 문형을 미리 살펴보자!

01 ~挙げ句(に)
02 ~あまり
03 ~以上(は)
04 ~一方(で)
05 ~一方だ
06 ~上で
07 ~得る
08 ~恐れがある
09 ~折(に)
10 ~限り
11 ~がたい
12 ~か~ないかのうちに
13 ~かねる
14 ~からして
15 ~からといって
16 ~気味
17 ~切る
18 ~くせに
19 ~げ
20 ~最中(に)
21 ~次第で(は)
22 ~だけあって
23 ~だらけ
24 ~っこない
25 ~っぽい
26 ~て以来
27 ~てからでないと
28 ~てたまらない
29 ~てならない
30 ~ても差し支えない
31 ~どころか
32 ~どころではない
33 ~とたん(に)
34 ~と共に
35 ~ないではいられない
36 ~にあたって
37 ~に応じて
38 ~にかけては
39 ~に決まっている
40 ~に加えて
41 ~に越したことはない
42 ~に従って
43 ~にしては
44 ~にしろ
45 ~に相違ない
46 ~に沿って
47 ~につき
48 ~につけ(て)
49 ~に反して
50 ~にほかならない
51 ~に基づいて
52 ~抜きで
53 ~ばかりでなく
54 ~ばかりに
55 ~はさておき
56 ~はもとより
57 ~向き
58 ~ようがない
59 ~をこめて
60 ~を巡って

01 ~挙げ句(に) ~한 끝에

MP3 021

동사 た형이나 「명사+の」에 접속해 여러 가지를 해 본 후, 결국은 유감스러운 결과가 초래되었음을 나타낸다. 주로 앞에 「色々(여러 가지)」, 「さんざん(몹시)」 등의 강조하는 표현이 오며 비슷한 표현으로는 「~末(に)(~한 끝에)」와 「~結果(~한 결과)」가 있다.

예 鍵を一日中探した**挙げ句**、結局見つからなかった。
열쇠를 하루 종일 찾은 끝에 결국 발견되지 않았다.

その問題の結論は何時間にもわたる議論**の挙げ句**、何も決まらず先送りされた。
그 문제의 결론은 몇 시간이나 걸친 논의 끝에 아무것도 정해지지 않고 보류되었다.

02 ~あまり 지나치게 ~해서, 너무 ~한 나머지

MP3 022

감정을 나타내는 동사나 형용사에 접속해 정도가 너무 극단적이어서 일반적이지 않은 상태나 좋지 않은 결과를 초래했을 때 사용한다. 형용사의 경우에는 「기본형+あまり」와 「명사형+の+あまり」의 두 가지 형태로 사용이 가능하다.

예 簡単な問題だったのに、考えすぎた**あまり**、間違えてしまった。
간단한 문제였는데도 지나치게 생각한 나머지 틀려 버렸다.

その知らせを聞いて彼女は嬉しさ**のあまり**泣き出した。
그 소식을 듣고 그녀는 너무 기쁜 나머지 울기 시작했다.

結局 결국 **結論** 결론 **議論** 논의 **先送り** 보류 **考えすぎる** 지나치게 생각하다
間違える 틀리다, 실수를 하다 **知らせ** 소식 **泣き出す** 울기 시작하다

03 MP3 023 ~以上(は) ~한 이상(은)

말하는 사람의 판단이나 결의를 나타낼 때 사용하며 뒤에는 「~なければならない(~하지 않으면 안 된다)」, 「~べきだ(~해야만 한다)」, 「~に違いない(~임에 틀림없다)」 등의 표현이 온다. 비슷한 표현으로는 「~からには(~한 이상은)」, 「~上は(~한 이상은)」가 있다.

예 約束した**以上**、ちゃんと守ってください。
약속한 이상 제대로 지켜 주세요.

試験を受ける**以上は**、しっかり勉強するべきだ。
시험을 보는 이상은 제대로 공부해야만 한다.

04 MP3 024 ~一方(で) ~하는 한편(으로)

두 가지 사항을 대비시키거나 어떤 일과 병행해서 다른 일이 행해짐을 나타낸다. 비슷한 표현으로는 「~かたわら(~하는 한편)」가 있는데 「A一方(で)B」는 A와 B의 비율이 동등한 반면 「AかたわらB」는 A를 중점적으로 하고 나머지 시간을 활용해 B를 한다는 뉘앙스이다.

예 厳しく注意をする**一方で**、褒めることも忘れてはいけない。
엄하게 주의를 주는 한편으로 칭찬하는 것도 잊어서는 안 된다.

彼は学校に通う**一方で**、学費のためにアルバイトもしている。
그 사람은 학교에 다니는 한편으로 학비를 위해 아르바이트도 하고 있다.

VOCA
試験を受ける 시험을 보다 **しっかり** 제대로, 확실히 **동사 기본형+べきだ** ~해야만 한다
厳しい 엄하다, 엄격하다 **注意をする** 주의를 주다 **褒める** 칭찬하다 **~に通う** ~에 다니다

05 ～一方(いっぽう)だ 점점 더 ~해지다, ~할 뿐이다

MP3 025

변화를 나타내는 동사의 기본형이나 형용사에 접속해 상황의 변화가 한 방향으로 나아가고 있음을 나타낼 때 사용한다. 비슷한 의미의 표현으로 「～ばかりだ(~할 뿐이다, ~하기만 하다)」가 있는데 「～一方(いっぽう)だ」는 긍정과 부정에 모두 사용이 가능하지만 「～ばかりだ」는 부정적인 방향으로 변화가 진행될 때만 사용한다.

예 頭(あたま)が切(き)れる上(うえ)に、努力家(どりょくか)なので、彼(かれ)の成績(せいせき)は上(あ)がる**一方(いっぽう)だ**。
두뇌회전이 빠를 뿐만 아니라 노력가이기 때문에 그 사람의 성적은 점점 더 올라간다.

あの会社(かいしゃ)の勤務条件(きんむじょうけん)は年々(ねんねん)悪(わる)くなる**一方(いっぽう)だ**。
저 회사의 근무조건은 해마다 나빠질 뿐이다.

06 ～上(うえ)で ~한 후에, ~하는 데 있어서

MP3 026

전후의 의지 동사에 접속해 '~한 후에'라는 의미로, 우선 어떤 일을 한 후에 다음 행동이 이어짐을 나타낸다. 그리고 어떤 목적에 필요한 것을 설명하는 문장에서는 '~하는 데 있어서, ~함에 있어서'로 해석되는데 이때 뒷부분에는 의지 표현이나 「～てください(~해 주십시오)」처럼 작용을 가하는 표현은 올 수 없다.

この件(けん)は十分(じゅうぶん)に考(かんが)えた**上(うえ)で**、決(き)めてほしい。
이 건은 충분히 생각한 후에 결정했으면 한다.

ドラマも外国語(がいこくご)の勉強(べんきょう)をする**上(うえ)で**役(やく)に立(た)つ。
드라마도 외국어 공부를 하는 데 있어서 도움이 된다.

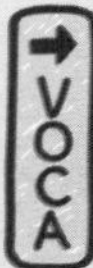

頭(あたま)が切(き)れる 두뇌회전이 빠르다 **～上(うえ)に** ~인데다가, ~뿐만 아니라 **努力家(どりょくか)** 노력가 **成績(せいせき)** 성적
勤務条件(きんむじょうけん) 근무조건 **年々(ねんねん)** 해마다 **件(けん)** 건 **十分(じゅうぶん)に** 충분히 **役(やく)に立(た)つ** 도움이 되다

07 ~得る(うる・える) ~할 수 있다

MP3 027

어떤 사항에 대해 가능성이 있거나 할 수 있음을 나타내며 단순한 능력을 표현할 때는 사용할 수 없다. 따라서 '말할 수 있다'는 「話し得る」 같이 나타낼 수 없고 「話せる」라고 나타낸다. 참고로 「得る」의 발음은 기본형일 때는 「うる」나 「える」 두 가지로 읽히지만 ます형・た형・ない형일 때는 각각 「えます」, 「えた」, 「えない」라로 발음한다.

예 彼の言ったことは、十分にあり**得る**話であった。
그 사람이 말한 것은 충분히 있을 수 있는 이야기였다.

今度の仕事は、私一人の力ではなし**得ない**ものだった。
이번 일은 나 혼자 힘으로는 해낼 수 없는 일이었다.

08 ~恐れがある ~할 우려가 있다

MP3 028

어떤 나쁜 일이 일어날 가능성이 있다는 의미로 좋은 일에는 사용하지 않는다. 앞에 명사가 오면 「명사+の+恐れがある」의 형태로 사용하며 부정형은 「~恐れはない(~할 우려는 없다)」이다.

예 ここでの夜中の外出は、犯罪に巻き込まれる**恐れがある**。
여기에서의 밤중의 외출은 범죄에 말려들 우려가 있다.

今日から明日にかけて、関東地方で大雨の**恐れがある**。
오늘부터 내일에 걸쳐서 관동지방에서 큰비가 내릴 우려가 있다.

VOCA

あり得る 있을 수 있다 **なし得ない** 해낼 수 없다 **夜中** 밤중 **外出** 외출
犯罪に巻き込まれる 범죄에 말려들다 **~から~にかけて** ~부터 ~에 걸쳐서 **大雨** 큰비

09 MP3 029 ～折(に) ~할 때, ~하는 기회에

「～時(に)(~할 때)」보다 공손한 느낌의 표현이다. 좋은 기회라는 의미를 내포하고 있기 때문에 뒷부분에 부정적인 내용은 거의 오지 않으며 명령・금지・의무처럼 강한 표현과 함께 사용할 수 없다. 또 다른 비슷한 의미의 표현으로 「～際(に)(~일 때, ~일 때는)」가 있는데 이 표현은 특별한 상황에 처하거나 그렇게 되었을 때를 나타내며 딱딱한 말투라 공적인 장면에서 자주 사용한다.

예 先生、先日はお多忙の**折**お時間いただき、ありがとうございました。
선생님, 얼마 전에는 바쁘실 때 시간을 내 주셔서 감사했습니다.

この件は、今度の会議の**折に**詳しくご説明いたします。
이 건은 이번 회의 때 상세하게 설명드리겠습니다.

10 MP3 030 ～限り ~하는 한

「A限りB」의 형태로 A라는 상태가 계속되고 있는 동안 B의 상태가 지속된다는 의미를 나타낸다. 드물게 동사 진행형에 접속하는 경우도 있는데 「知っている限り(알고 있는 한)」, 「覚えている限り(기억하고 있는 한)」라는 형태 이외에는 별로 사용하지 않는다. 동사 ない형에 접속해 「～ない限り」가 되면 '~하지 않는 한'이라는 의미이다.

예 時間がある**限り**、手伝います。
시간이 있는 한 돕겠습니다.

彼がいる**限り**、あの会社は大丈夫でしょう。
그 사람이 있는 한 저 회사는 괜찮겠죠.

先日 얼마 전 **多忙** 매우 바쁨 **詳しい** 상세하다, 자세하다 **説明** 설명 **手伝う** 돕다

01～10 복습하기

복습 문제 10

유형1

❶ 帰省した折に、お礼に伺います。

Ⓐ 帰省する前に　　Ⓑ 帰省した時に

Ⓒ 帰省しないうちに　　Ⓓ 帰省するかしないかのうちに

❷ かけがえのない息子を交通事故で亡くした彼女は、
Ⓐ　Ⓑ

悲しみあまり心の病にかかった。
Ⓒ　Ⓓ

유형2

❸ 一人でやると決めた以上では、最後まで責任を持って頑張ってください。
Ⓐ　Ⓑ　Ⓒ　Ⓓ

❹ 彼女は学校に通う 一方に、ボランティア活動にも参加している。
Ⓐ　Ⓑ　Ⓒ　Ⓓ

❺ 彼が私を裏切ることは絶対あった得ないと思っていたが、
Ⓐ　Ⓑ

完全に 裏切られてしまった。
Ⓒ　Ⓓ

❻ 彼との結婚は親とよく相談した上に、どうするか決めるつもりです。
Ⓐ　Ⓑ　Ⓒ　Ⓓ

유형3

❼ 最近、＿＿＿＿一方だから、ダイエットしなければいけないと思っている。

Ⓐ 太り　Ⓑ 太って　Ⓒ 太った　Ⓓ 太る

❽ しっかりと勉強を＿＿＿＿、テストは合格できるだろう。

Ⓐ しない限り　Ⓑ している限り　Ⓒ しても限り　Ⓓ しよう限り

유형4

❾ ＿＿＿ ＿＿＿ ＿＿＿ ＿★＿、何事もなかったかのように息子は帰ってきた。

Ⓐ あげく　Ⓑ さんざん　Ⓒ 心配を　Ⓓ させられた

❿ そのことを今彼に話すと、＿＿＿ ＿＿＿ ＿＿＿ ＿★＿。

Ⓐ 問題が　Ⓑ 恐(おそ)れがある　Ⓒ 起こる　Ⓓ 後で

11 ~がたい ~하기 어렵다, ~하기 힘들다

MP3 031

동사 ます형에 접속해 그렇게 하는 것이 어렵거나 불가능함을 나타낼 때 사용하며 주로 「信じる(믿다)」, 「許す(용서하다, 허락하다)」, 「理解する(이해하다)」 등의 동사 뒤에 온다. 비슷한 의미의 표현으로는 「～にくい(~하기 어렵다, ~하기 힘들다)」가 있는데 이 표현은 하려고 하면 가능하지만 그게 어렵거나 힘들다는 의미를 나타낸다.

예 女性に暴力を振るうとは、許し**がたい**ことだ。
여성에게 폭력을 휘두르다니 용서하기 힘든 일이다.

彼女が癌にかかるなんて、信じ**がたい**話です。
그녀가 암에 걸리다니 믿기 힘든 이야기예요.

12 ~か~ないかのうちに ~하자마자, 채 ~하기도 전에

MP3 032

어떤 일이 일어난 직후에 바로 다음 일이 일어남을 나타내며 뒷부분에 의지적인 문장이나 명령문, 부정문이 잘 오지 않는다. 비슷한 의미의 표현으로는 「～次第(~하자마자, ~하는 대로)」가 있는데 「～か～ないかのうちに」는 전후의 일이 시간차 없이 거의 동시임에 중점을 둔 표현이고 「～次第」는 앞의 일이 확실하게 끝난 후에 곧바로를 나타내며 사무적인 장면에서 주로 사용한다.

예 家に着く**か**着か**ないかのうちに**、雨が降り出した。
집에 도착하자마자 비가 내리기 시작했다.

山田君は私の話が終わる**か**終わらない**ないかのうちに**、席を立った。
야마다 군은 내 이야기가 끝나자마자 자리를 떴다.

VOCA
暴力 폭력 **振るう** 휘두르다 **～とは** ~라니, ~하다니 **癌にかかる** 암에 걸리다
～なんて ~라니, ~하다니 **着く** 도착하다 **降り出す** 내리기 시작하다 **席を立つ** 자리를 뜨다

13 MP3 033 ~かねる ~하기 어렵다, ~할 수 없다

동사 ます형에 접속해 저항감이 있거나 기분이 내키지 않아 그렇게 하기 어렵다는 것을 나타낸다. 서비스업에서는 거절에 대한 완곡한 표현으로 사용되며 비즈니스 등의 공적인 장면에서도 자주 사용한다. 참고로 부정형인 「～かねない」는 의미 파악에 주의를 해야 하는데 '~할 수도 있다, ~할지도 모른다'라는 의미가 된다.

예 その会社の提案には納得し**かねる**部分が多数あった。
그 회사의 제안에는 납득하기 어려운 부분이 다수 있었다.

担当者ではございませんので、そのご質問にはお答えし**かねます**。
담당자가 아니기 때문에 그 질문에는 대답하기 어렵습니다.

14 MP3 034 ~からして (우선) ~부터가

어떤 사항의 일부분을 판단이나 추측의 근거로 삼아 그 이외의 것도 그러함을 나타내며 뒷부분에는 판단, 추측, 평가 등과 관련된 표현이 온다. 긍정과 부정 모두에 사용이 가능하지만 대체적으로 부정적인 내용의 문장에서 많이 사용한다.

예 中国語は発音**からして**難しい。
중국어는 발음부터가 어렵다.

この料理はにおい**からして**美味しそうだ。
이 요리는 냄새부터가 맛있을 것 같다.

VOCA
提案 제안 **納得する** 납득하다 **部分** 부분 **多数** 다수 **担当者** 담당자 **質問** 질문
答える 대답하다 **中国語** 중국어 **発音** 발음 **におい** 냄새 **い형용사 어간+そうだ** ~일 것 같다

15 ~からといって ~라고 해서

MP3 035

당연히 그럴 것이라고 생각했던 것과 다르거나 그렇게 생각한 것이 이유가 되지 않음을 나타낸다. 문말에는 「～とは限(かぎ)らない(~인 것은 아니다, ~라고는 볼 수 없다)」나 「～わけではない(~인 것은 아니다)」 등의 표현이 자주 온다.

예 成績(せいせき)がいい**からといって**、必(かなら)ずしも頭(あたま)がいいとは限(かぎ)らない。
성적이 좋다고 해서 반드시 머리가 좋다고는 볼 수 없다.

中国人(ちゅうごくじん)だ**からといって**、全(すべ)ての漢字(かんじ)が読(よ)めるわけではない。
중국인이라고 해서 모든 한자를 읽을 수 있는 것은 아니다.

16 ~気味(ぎみ) ~한 기운, ~한 느낌

MP3 036

동사 ます형이나 명사에 접속해 몸이나 마음으로 어떠하다고 느끼는 상태를 나타낸다. 비슷한 의미의 표현으로 「～がち(자주 ~함, ~하기 쉬움)」가 있는데 「～気味(ぎみ)」는 무의지적인 문장에 많이 사용되므로 상태를 나타내는 경우가 많고 「～がち」는 의지적인 문장에 주로 쓰이므로 동작을 나타내는 경우가 많으며 「～気味(ぎみ)」보다 빈도가 높을 때 사용한다.

예 風邪(かぜ)**気味(ぎみ)**なのか、朝(あさ)から体(からだ)がだるい。
감기 기운인지 아침부터 몸이 나른하다.

最近(さいきん)、太(ふと)り**気味(ぎみ)**でスカートがきつくなった。
최근에 살찐 느낌이어서 치마가 꽉 끼게 되었다.

VOCA
成績(せいせき) 성적 **必(かなら)ずしも** 반드시 **頭(あたま)がいい** 머리가 좋다 **風邪(かぜ)** 감기 **だるい** 나른하다
太(ふと)る 살이 찌다 **きつい** 꽉 끼다

17 MP3 037 ~切(き)る 전부 ~하다, 완전히 ~하다

동사 ます형에 접속해 '전부 ~하다, 완전히 ~하다'라는 의미를 나타내며 「言(い)い切(き)る(단언하다, 딱 잘라 말하다)」처럼 '강하게 ~하다'라는 의미도 있다. 비슷한 의미의 표현으로는 「동사 ます형+抜(ぬ)く(전부 ~하다, 끝까지 ~하다)」가 있는데 이 표현은 힘든 일을 끝까지 열심히 했다는 뉘앙스가 있지만 「~切(き)る」는 단순히 전부 했다는 것을 나타낼 뿐 그런 뉘앙스는 없다.

예 一日(いちにち)でこの本(ほん)を読(よ)み**切(き)った**なんて、すごいね。
하루 만에 이 책을 전부 읽었다니 굉장하네.

こんなにたくさんの料理(りょうり)は一人(ひとり)では食(た)べ**切(き)れない**よ。
이렇게 많은 요리는 혼자서는 전부 먹을 수 없어.

18 MP3 038 ~くせに ~인 주제에, ~이면서(도)

어떤 대상에 대한 경멸이나 바보 취급, 나쁜 점 등을 비난하거나 불만을 나타낼 때 사용한다. 주로 허물없는 사이일 때 쓰며 자신의 행위에는 사용할 수 없다. 유감이나 실망의 기분을 나타낸다는 의미에서는 접속조사 「~のに(~인데도)」와 비슷하다고 볼 수 있지만 「~くせに」를 사용하면 좀 더 비난이나 불만, 경멸의 기분이 강조된다.

本当(ほんとう)は知(し)っている**くせに**、何(なに)も教(おし)えてくれない。
사실은 알고 있는 주제에 아무 것도 가르쳐주지 않는다.

彼(かれ)はろくに仕事(しごと)をしない**くせに**、会社(かいしゃ)の文句(もんく)ばかり言(い)っている。
그 사람은 제대로 일을 하지 않는 주제에 회사의 불평만 말하고 있다.

VOCA
すごい 굉장하다 **一人(ひとり)で** 혼자서 **教(おし)える** 가르쳐주다 **~てくれる** ~해 주다 **ろくに** 제대로
文句(もんく) 불평, 불만

19 ~げ ~인 듯한, ~인 듯이

MP3 039

주로 「いかにも(자못, 정말로)」나 「さも(자못, 정말로)」 등의 부사와 함께 사용되어 어떤 상태나 그 사람의 기분을 나타낼 때 사용한다. 형용사의 어간에 접속하며 전체적으로 な형용사처럼 사용된다. 다소 예스러운 표현이며, 손윗사람에게는 잘 사용하지 않는다.

예 その子供(こども)は寂(さび)し**げ**な目(め)をしていた。
그 아이는 쓸쓸한 듯한 눈을 하고 있었다.

彼(かれ)はさっきから退屈(たいくつ)**げ**な顔(かお)であくびばかりしていた。
그 사람은 조금 전부터 지루한 듯한 얼굴로 하품만 하고 있었다.

20 ~最中(さいちゅう)(に) 한창 ~하는 중(에)

MP3 040

동사 진행형이나 「명사+の」에 접속해 '한창 ~하는 중, ~하고 있을 때'라는 의미로 특정 시간을 강조할 때 사용한다. 이 표현은 「家(いえ)にいる(집에 있는)」, 「結婚(けっこん)している(결혼한)」처럼 상태나 순간동사에 붙여서는 사용하지 않으며 일상회화에서는 이 표현보다 「~ている時(とき)に(~하고 있을 때)」로 나타내는 것이 일반적이다.

예 食事(しょくじ)をしている**最中(さいちゅう)に**大(おお)きな地震(じしん)が起(お)こった。
한창 식사를 하고 있는 중에 큰 지진이 일어났다.

試合(しあい)の**最中(さいちゅう)に**突然(とつぜん)雨(あめ)が降(ふ)り出(だ)して、結局中止(けっきょくちゅうし)となってしまった。
한창 시합 중에 갑자기 비가 내리기 시작해 결국 중지되어 버렸다.

VOCA
寂(さび)しい 쓸쓸하다, 외롭다 **あくび** 하품 **地震(じしん)** 지진 **試合(しあい)** 시합 **突然(とつぜん)** 돌연, 갑자기 **結局(けっきょく)** 결국
中止(ちゅうし) 중지

복습 문제 10

유형1

❶ この料理、一人では到底食べ切れないよ。

Ⓐ 食べたくない　Ⓑ 食べられない

Ⓒ 食べたことがない　Ⓓ 食べても仕方がない

유형2

❷ 論理的に正しいとはいえ、彼の考えは私には理解するがたい。
(Ⓐ 論理的　Ⓑ とはいえ　Ⓒ 考え　Ⓓ 理解する)

❸ この問題は私の一存では決めかねない問題ですので、少々お待ちください。
(Ⓐ この　Ⓑ 一存　Ⓒ 決めかねない　Ⓓ お待ち)

❹ 彼ときたら、お金をたくさん持っているくせなのに、一度もおごってくれたことがない。
(Ⓐ ときたら　Ⓑ たくさん　Ⓒ くせなのに　Ⓓ くれた)

유형3

❺ 正解を知っているのに、彼女はいつも自信________げに答える。

Ⓐ な　Ⓑ ない　Ⓒ なさ　Ⓓ なかった

❻ 最近、残業続きで少し________気味です。

Ⓐ 疲れ　Ⓑ 疲れる　Ⓒ 疲れた　Ⓓ 疲れて

❼ やはり田舎は空気________大都市とは違う。

Ⓐ からして　Ⓑ からある　Ⓒ からこそ　Ⓓ からには

❽ 先生だ________、全部知っているとは限りません。

Ⓐ からには　Ⓑ からして　Ⓒ からといって　Ⓓ からこそ

유형4

❾ ____ ____ ____ _★_、ドアが閉まった。

Ⓐ 電車に　Ⓑ 乗ったか　Ⓒ 乗らないか　Ⓓ のうちに

❿ ____ ____ ____ _★_、友達からの電話がかかってきた。

Ⓐ 食べて　Ⓑ いる　Ⓒ ご飯を　Ⓓ 最中に

21 ~次第で(は) ~에 따라서(는)

MP3 041

정도나 종류의 차이를 나타내는 명사에 접속해 결정 요소인 그 명사 여하에 따라 상황이 바뀔 때 사용한다. 문말에 오는 「명사+次第だ」는 '~에 달려 있다, ~에 의해 좌우된다'로 해석한다. 비슷한 의미의 표현으로는 「～いかんでは(~여하에 따라서는)」가 있는데 이 표현은 「～次第で(は)」보다는 좀 더 격식을 차린 딱딱한 느낌의 표현이다.

예 試験の結果**次第では**、昇進できなくなるかもしれない。
시험 결과에 따라서는 승진하지 못할지도 모른다.

遠足に行けるかどうかは明日の天気**次第だ**。
소풍을 갈 수 있을지 어떨지는 내일 날씨에 달려 있다.

22 ~だけあって ~인 만큼

MP3 042

재능이나 노력, 지위, 가치, 경험 등에 어울린다고 감탄하거나 칭찬할 때 사용한다. 뒷부분에는 결과나 능력, 특징 등을 나타내는 표현이 주로 오며, 문말에서는 「～だけのことはある(~한 만큼의 것은 있다, ~한 가치가 있다)」의 형태가 된다. 비슷한 의미의 표현으로는 「～だけに(~인 만큼)」가 있는데 「AだけあってB」는 B에 중점이 있고 주로 긍정적인 내용일 때 사용하고 「AだけにB」는 A에 중점이 있고 긍정과 부정적인 내용에 모두 사용이 가능하다.

예 長年アメリカに住んでいた**だけあって**、英語の発音がいい。
오랫동안 미국에 살았던 만큼 영어 발음이 좋다.

さすが若い時にスポーツ選手だった**だけのことはある**ね。
과연 젊었을 때 스포츠 선수였던 만큼 뭔가 다르네.

VOCA
結果 결과 **昇進** 승진 **～かもしれない** ~일지도 모른다 **遠足** 소풍
～かどうか ~인지 아닌지, ~일지 어떨지 **長年** 오랫동안 **発音** 발음 **さすが** 과연 **若い** 젊다
スポーツ選手 스포츠 선수

23 MP3 043 ～だらけ ~투성이

어떤 대상이 너무나도 많이 있는 모습을 나타내며, 말하는 사람이 그것을 좋다고 생각하지 않는 경우에 사용한다. 비슷한 의미의 표현으로는 「～まみれ(~투성이)」가 있는데 「～だらけ」는 어떤 공간이나 범위 안에서 어떤 대상이 눈에 띄게 많은 경우에 사용하며 「～まみれ」는 부착에 중점을 두는 표현으로, 어떤 대상의 상당 부분이 뒤덮여 있는 경우에 사용한다.

예 交通事故(こうつうじこ)に遭(あ)った彼(かれ)の体(からだ)は傷(きず)**だらけ**だった。
교통사고를 당한 그 사람의 몸은 상처투성이였다.

子供(こども)たちが運動場(うんどうじょう)で泥(どろ)**だらけ**になって遊(あそ)んでいる。
아이들이 운동장에서 진흙투성이가 되어 놀고 있다.

24 MP3 044 ～っこない ~일 리가 없다

동사 **ます**형에 접속해 절대로 불가능하거나 어떤 가능성을 강하게 부정할 때 사용한다. 앞에는 가능동사가 오는 경우가 많으며 말하는 사람의 판단을 나타낸다. 비슷한 의미의 표현으로는 「～わけがない(~일 리가 없다)」와 「～はずがない(~일 리가 없다)」가 있는데 친한 사람 끼리의 대화나 일상회화에서는 「～っこない」가 좀 더 많이 사용된다.

예 こんなにたくさんの料理(りょうり)、一人(ひとり)で食(た)べられ**っこない**よ。
이렇게 많은 요리, 혼자서 먹을 수 있을 리가 없어.

今回(こんかい)の大会(たいかい)でうちのチームが優勝(ゆうしょう)するなんて、でき**っこない**よ。
이번 대회에서 우리 팀이 우승하다니 가능할 리가 없어.

VOCA
交通事故(こうつうじこ)に遭(あ)う 교통사고를 당하다 **体(からだ)** 몸, 신체 **傷(きず)** 상처, 흠집 **運動場(うんどうじょう)** 운동장 **泥(どろ)** 진흙
一人(ひとり)で 혼자서 **大会(たいかい)** 대회 **チーム** 팀 **優勝(ゆうしょう)する** 우승하다

25 MP3 045 ~っぽい ~같은 느낌이 들다, 자주 ~하다

동사 ます형이나 명사에 접속해 '본래는 그렇지 않지만 마치 ~인 것 같다'라는 의미로 사용된다. 주로 사물의 성질에 대해 말할 때 사용하며 대부분 부정적인 내용에 쓰인다. 비슷한 의미의 표현으로 「~がち(자주 ~함, ~하기 쉬움)」가 있는데 이 표현은 어떤 상황 하에서 그런 경향이 많음을 나타내는 표현이고 「~っぽい」는 그런 경향이 성격처럼 굳어진 경우에 사용한다.

예 彼女(かのじょ)は二十歳(はたち)を過(す)ぎているのに、まだ子供(こども)**っぽい**行動(こうどう)をする。
그녀는 20살이 넘었는데도 아직 아이같은 행동을 한다.

鈴木君(すずきくん)ときたら、飽(あ)き**っぽい**性格(せいかく)で何(なに)をやっても長続(ながつづ)きしない。
스즈키 군으로 말하자면 싫증을 잘 내는 성격으로 뭘 하더라도 오래가지 않는다.

26 MP3 046 ~て以来(いらい) ~한 이래, ~한 이후

동사 て형에 접속해 어떤 행동을 한 후 그 상태가 지속되고 있다는 의미를 나타낸다. 비슷한 의미의 표현으로 「~てから(~하고 나서, ~한 후)」가 있는데 「~て以来(いらい)」는 한 번으로 끝나는 경우나 가까운 과거, 새로운 일이 발생했을 경우에는 사용하지 않는다는 제약이 있다.

예 高校(こうこう)を卒業(そつぎょう)し**て以来(いらい)**、彼(かれ)とは会(あ)っていない。
고등학교를 졸업한 이래 그 사람과는 만나지 않았다.

あのドラマを見(み)**て以来(いらい)**、私(わたし)は彼女(かのじょ)のファンになった。
저 드라마를 본 이래 나는 그녀의 팬이 되었다.

VOCA
過(す)ぎる 지나다, 넘다 **行動(こうどう)** 행동 **~ときたら** ~로 말하자면 **飽(あ)きる** 질리다, 싫증나다 **性格(せいかく)** 성격
長続(ながつづ)き 오래 지속됨 **卒業(そつぎょう)する** 졸업하다 **会(あ)う** 만나다 **ドラマ** 드라마 **ファン** 팬

27 ~てからでないと ~하지 않으면, ~한 후가 아니면

MP3 047

동사 て형에 접속해 어떤 일을 한 후가 아니면 할 수 없다는 의미로 뒷부분에는 곤란하거나 불가능하다는 문장이 오는 것이 일반적이다. 비슷한 의미의 표현으로 「～ないことには(~하지 않고서는)」가 있는데 이 표현은 어떤 일을 하지 않으면 뒷부분의 일이 성립하지 않음을 나타내며 뒷부분에는 반드시 부정적인 판단이 와야 한다는 제약이 있는 표현이다.

예 その問題は部長に聞い**てからでないと**、答えられません。
그 문제는 부장님에게 물어보지 않으면 대답할 수 없어요.

その件はよく調べ**てからでないと**、詳しい説明はできません。
그 건은 잘 조사한 후가 아니면 상세한 설명은 불가능해요.

28 ~てたまらない ~해서 견딜 수가 없다, 너무 ~하다

MP3 048

동사 て형이나 「い형용사 어간+くて」의 형태로 접속해 말하는 사람의 감정이나 몸의 감각, 욕구 등이 너무 강해서 억제할 수 없다는 의미를 나타낸다. 비슷한 의미의 표현으로 「～て仕方がない(~해서 어쩔 수 없다)」가 있는데 이 표현은 「お金がかかって仕方がない(돈이 너무 든다)」처럼 감정이 강하게 포함되지 않은 문장에서도 사용할 수 있다.

예 外国で一人で暮らしているので、寂しく**てたまらない**。
외국에서 혼자 생활하고 있기 때문에 쓸쓸해서 견딜 수가 없다.

4時間も歩き続けて喉が渇い**てたまらない**。
4시간이나 계속 걸어서 목이 너무 마르다.

部長 부장 **答える** 대답하다 **件** 건 **調べる** 찾다, 조사하다 **詳しい** 상세하다, 자세하다
暮らす 살다, 생활하다 **寂しい** 쓸쓸하다, 외롭다 **歩き続ける** 계속 걷다 **喉が渇く** 목이 마르다

29 MP3 049 ~てならない ~해서 견딜 수 없다, 너무 ~하다

「気がする(느낌이 들다)」, 「思える(생각되다)」 등과 함께 사용되어 자연스럽게 어떤 감정이나 감각이 올라와 정도가 심함을 나타내며 대체로 부정적인 내용일 때 자주 사용한다. 비슷한 의미의 표현으로 「~てたまらない(~해서 견딜 수가 없다)」와 「~て仕方がない(~해서 어쩔 수 없다)」가 있는데 「~てたまらない」는 「寂しい(쓸쓸하다)」, 「暑い(덥다)」 등과 함께 사용되어 정신적이거나 신체적 자극에 의해 생기는 감정 및 감각의 정도가 견딜 수 없을 만큼 심함을 나타내고 「~て仕方がない」는 「気になる(신경이 쓰이다)」, 「腹が立つ(화가 나다)」 등과 함께 사용되어 자연스럽게 일어나는 감정이나 감각의 정도가 억제할 수 없을 만큼 심함을 나타낸다.

예 1週間も続いている道路工事で、外がうるさく**てならない**。
일주일이나 이어지고 있는 도로공사로 밖이 시끄러워서 견딜 수 없다.

まだ若い彼が亡くなったなんて、残念**でなりません**。
아직 젊은 그가 죽었다니 너무 유감입니다.

30 MP3 050 ~ても差し支えない ~해도 상관이 없다

소극적인 허용이나 허가, 양보 등을 나타내며 비교적 딱딱한 표현이기 때문에 공적인 장면에서 사용되는 경우가 많다. 비슷한 의미의 표현으로는 「~てもかまわない(~해도 상관이 없다)」가 있는데 「~ても差し支えない」보다 좀 더 부드러운 느낌이 든다.

예 今度の旅行に私一人くらい行かなく**ても差し支えない**だろう。
이번 여행에 나 한 사람 정도 가지 않아도 상관이 없을 것이다.

運転免許証はコピー**でも差し支えありません**。
운전면허증은 복사본이라도 상관없습니다.

VOCA

続く 이어지다, 계속되다 **道路** 도로 **工事** 공사 **うるさい** 시끄럽다 **亡くなる** 죽다
残念だ 유감스럽다 **運転免許証** 운전면허증 **コピー** 복사

복습 문제 10

유형1

❶ 天気次第では、せっかくの遠足がキャンセルになるかもしれない。

Ⓐ 天気によっては　Ⓑ 天気にかかわらず　Ⓒ 天気を問わず　Ⓓ 天気はさておいて

❷ じっくり検討してからでないと、何も申し上げることはできません。

Ⓐ 検討する前に　Ⓑ 検討しないことには

Ⓒ 検討している間に　Ⓓ 検討したといえども

❸ あと一歩で負けてしまい、悔しくてたまりません。

Ⓐ 我慢できません　Ⓑ 残念ではありません

Ⓒ 嬉しい限りです　Ⓓ 受け入れるしかありません

❹ 隣の部屋の夫婦は毎日喧嘩ばかりで、うるさくてならない。

Ⓐ うるさくてしょうがない　Ⓑ うさるいとは限らない

Ⓒ うるさくないに決まっている　Ⓓ うるさくないわけにはいかない

유형2

❺ 彼は怒るっぽい(Ⓐ)性格だから(Ⓑ)、彼の気に障る(Ⓒ)ようなことは言わない(Ⓓ)方がいいよ。

❻ 結婚した(Ⓐ)以来、どうしても友達と(Ⓑ)一緒に飲みに(Ⓒ)行くことが少なく(Ⓓ)なった。

유형3

❼ 部屋がほこり＿＿＿＿だね。すぐ掃除しなさい。

Ⓐ ちょうし　Ⓑ ごと　Ⓒ だらけ　Ⓓ どころ

❽ いくら優秀な彼であれ、この仕事は一人で＿＿＿＿っこない。

Ⓐ でき　Ⓑ できる　Ⓒ できた　Ⓓ できよう

유형4

❾ ＿＿＿ ＿＿＿ ＿＿＿ ＿★＿、その国について詳しいね。

Ⓐ だけあって　Ⓑ 長年　Ⓒ いた　Ⓓ 住んで

❿ だいぶよくなったから、＿＿＿ ＿＿＿ ＿＿＿ ＿★＿。

Ⓐ 出ても　Ⓑ 差し支えない　Ⓒ 来週は　Ⓓ 散歩に

31 ~どころか ~은(는)커녕, ~은(는) 물론이고

MP3 051

「AどころかB」의 형태로 A라는 기대나 예상과 달리 사실은 B라는 정반대를 나타내는 용법과 A는 물론이고 그것보다 정도가 무거운 B도 그러함을 나타내는 정도의 대비를 나타내는 용법이 있다. 비슷한 의미의 표현으로는 「~はおろか(~은(는)커녕)」가 있는데 두 표현 모두 놀람을 나타낸다는 면에서는 공통적이지만 「~はおろか」는 부정적인 경우나 역접으로써의 용법이 많고 「~どころか」와 같은 정도의 대비를 나타내는 용법으로는 볼 수 없다.

예 今のままじゃ間に合う**どころか**、遅刻しちゃうよ。
지금대로라면 시간에 맞추기는커녕 지각해 버릴 거야.

彼は英語**どころか**、中国語やタイ語もできる。
그 사람은 영어는 물론이고 중국어와 태국어도 가능하다.

32 ~どころではない ~할 여유가 없다, ~할 상황이 아니다

MP3 052

명사나 동사 기본형에 접속해 '~할 여유가 없다'는 의미로 강하게 부정할 때 사용한다. 비슷한 의미의 표현으로는 「동사 ます형+ようがない(~할 수가 없다)」가 있는데 이 표현은 그렇게 하고 싶지만 그 수단이나 방법이 마땅히 없어 할 수 없다는 의미를 나타내고 「~どころではない」는 시간적으로 어렵거나 그것을 할 시간이 없다는 의미를 나타낸다.

예 最近、仕事が忙しくて旅行**どころではない**。
최근 일이 바빠 여행갈 여유가 없다.

明日から試験なので、遊んでいる**どころではない**。
내일부터 시험이어서 놀고 있을 상황이 아니다.

今のまま 지금대로 **間に合う** 시간에 대다, 시간에 맞추다 **遅刻する** 지각하다
~ちゃう ~해 버리다(「~てしまう」의 축약 표현) **タイ語** 태국어 **試験** 시험

33 MP3 053 ~とたん(に) ~하자마자

순간동사나 변화를 나타내는 동사의 た형에 접속해 '~하자마자, ~이(가) 끝남과 거의 동시에'라는 의미를 나타내며 앞뒤의 일은 서로 관련된 내용이 오는 경우가 많다. 이 표현의 뒷부분에는 부정적이거나 순간적인 변화를 나타내는 내용이 주로 오며 의지적인 문장에는 기본적으로 사용할 수 없다. 비슷한 의미의 표현으로는 「~なり(~하자마자)」가 있는데 「~とたん(に)」은 말하는 사람의 주관이 들어간 표현으로 실제로 시간이 바로가 아니어도 사용할 수 있지만 「~なり」는 누가 보더라도 바로 직후가 아니면 사용할 수 없다.

예 電話を切った**とたん**、彼女は泣き出した。
전화를 끊자마자 그녀는 울기 시작했다.

山田君は私の話を聞いた**とたん**、教室を飛び出していった。
야마다 군은 내 이야기를 듣자마자 교실을 뛰쳐나갔다.

34 MP3 054 ~と共に ~와(과) 함께, ~와(과) 동시에

명사에 접속해 '~와(과) 함께'라는 의미와 동사 기본형 등에 접속해 「Aと共にB」의 형태로 A가 일어남과 동시에 B가 일어난다는 '~와(과) 동시에'라는 의미를 나타낸다. 동시성을 나타내는 용법은 「Aに伴ってB(A에 동반해, A함에 따라서)」와 비슷한데 「Aと共にB」는 A와 B가 전혀 관계가 없는 사항이라도 연결이 가능하지만 「Aに伴ってB」는 B가 A의 결과로 발생하는 사항이어야 한다는 제약이 있다.

예 人間は、水**と共に**生きていると言える。
인간은 물과 함께 살아가고 있다고 말할 수 있다.

彼女は引っ越し**と共に**、新しい家具をたくさん買った。
그녀는 이사와 함께 새 가구를 많이 샀다.

VOCA
電話を切る 전화를 끊다 **泣き出す** 울기 시작하다 **飛び出す** 뛰쳐나가다 **人間** 인간
生きる 살다, 살아가다 **引っ越し** 이사 **家具** 가구 **たくさん** 많이

35 ～ないではいられない ~하지 않고는 있을 수 없다

MP3 055

신체적으로 참을 수 없는 경우나 어떤 일의 상황이나 사정을 보고 말하는 사람 마음속에서 '~하고 싶다'는 기분을 의지력으로 억제할 수 없어 자연스럽게 뭔가를 해 버릴 때 사용한다. 대부분의 경우 주어에는 사람이나 생물이 오며 무생물은 쓸 수 없다.

예 蚊に刺されたところがかゆくて、かか**ないではいられない**。
모기에 물린 곳이 가려워 긁지 않고는 있을 수 없다.

一人暮らしをしている息子のことを考えると、心配し**ないではいられない**。
혼자 생활하고 있는 아들을 생각하니 걱정하지 않고는 있을 수 없다.

36 ～にあたって ~에 즈음해서, ~함에 있어서

MP3 056

뭔가 특별한 시간, 날, 기회가 되기 전에 그것에 대한 적극적인 자세를 나타낼 때 사용하며 일상적인 회화보다는 격식을 차린 자리에서 많이 사용한다. 비슷한 의미의 표현으로는 「～に際して(~함에 있어서, ~할 때)」가 있는데 「～にあたって」는 '~하는데 미리'라는 의미로 뭔가를 하기 전에 어떤 특별한 주의가 필요하다는 말하는 사람의 기분이 포함된 반면 「～に際して」에는 그런 의미는 없고 「～にあたって」보다 시간적으로 직전이라는 뉘앙스가 강하다.

예 新しいプロジェクトを実施する**にあたって**、優秀な人材を集める必要がある。
새 프로젝트를 실시함에 즈음해서 우수한 인재를 모을 필요가 있다.

この試験を受ける**にあたり**、いくつかの注意点を伝えておきます。
이 시험을 봄에 있어서 몇 가지 주의점을 전달해 두겠습니다.

VOCA

蚊に刺される 모기에 물리다 **かゆい** 가렵다 **かく** 긁다 **心配する** 걱정하다, 염려하다
プロジェクト 프로젝트 **実施する** 실시하다 **優秀だ** 우수하다 **人材** 인재 **集める** 모으다
必要 필요 **試験を受ける** 시험을 보다 **注意点** 주의점 **～ておく** ~해 두다

37 MP3 057 ～に応じて ~에 따라서, ~에 맞게

「金額(금액)」, 「状況(상황)」, 「成績(성적)」 등 내용이 변화되는 말에 접속해 어떤 사항이 변하면 그것에 대응해 뒤의 내용도 변화됨을 나타낸다. 비슷한 의미의 표현으로는 「期待(기대)」, 「要望(요망)」, 「声援(성원)」 등 한정된 명사에 접속해 '~에 부응해서'라는 의미를 나타내는 「～に応えて」가 있다. 우리말의 '~에 부응해서'라는 의미로 사용될 때는 서로 바꿔 쓸 수 있지만 내용이 변화되는 말에는 「～に応えて」를 쓸 수 없다.

예 収入**に応じて**所得税の税率も変わる。
수입에 따라 소득세 세율도 바뀐다.

彼はいつもその時の状況**に応じて**適切な手段を取っている。
그 사람은 항상 그 때의 상황에 맞게 적절한 수단을 취하고 있다.

38 MP3 058 ～にかけては ~에 관해서는, ~에 있어서는

어떤 소질이나 기술, 능력에 있어서 다른 것보다 뛰어나다는 것을 자신감을 갖고 말할 때 사용한다. 비슷한 의미의 표현으로는 「～に関しては(~에 관해서는)」가 있는데 이 표현은 특정한 대상에 대해서 말할 때 사용하고 뒷부분에 특별한 제약이 없지만 「～にかけては」의 뒷부분에는 「上手だ(능숙하다)」, 「優れている(뛰어나다)」, 「負けない(지지 않다)」 등 반드시 뛰어난 점을 다루는 표현이 온다는 점에서 차이가 있다.

예 水泳**にかけては**、鈴木君に勝てる人はいない。
수영에 관해서는 스즈키 군에게 이길 수 있는 사람은 없다.

走ること**にかけては**、彼女の右に出る者はいません。
달리는 것에 있어서는 그녀가 가장 뛰어나요.

VOCA
収入 수입 **所得税** 소득세 **税率** 세율 **変わる** 바뀌다, 변하다 **状況** 상황 **適切だ** 적절하다
手段を取る 수단을 취하다 **勝つ** 이기다 **右に出る者はいない** 가장 뛰어나다

39 MP3 059 ~に決まっている ~인 것이 당연하다, 틀림없이 ~이다

강한 주관을 가지고 자신의 주장을 전면에 내세워 '반드시 ~이다, 틀림없이 ~이다'라고 단정함을 나타낸다. 이 표현은 말하는 사람이 확신을 가지고 말할 때 사용하므로 공적인 자리에서는 사용되지 않고 일상적인 회화에서 자주 사용한다.

예 デパートよりスーパーの方が安い**に決まっている**。
백화점보다 슈퍼마켓 쪽이 싼 것이 당연하다.

その国に行ったことのない彼女の話は、嘘**に決まっている**。
그 나라에 간 적이 없는 그녀의 이야기는 틀림없이 거짓말이다.

40 MP3 060 ~に加えて ~에 더해, ~와(과) 함께

지금까지 있었던 어떤 사항에 유사하거나 비슷한 다른 것이 추가된다는 의미를 나타내며 다소 딱딱한 표현이므로 회화보다는 문장에서 주로 사용한다.

예 最近、電気代**に加えて**ガス代まで値上がりした。
최근 전기요금에 더해 가스요금까지 가격이 올랐다.

台風の接近で、大雨**に加えて**風もかなり強くなってきた。
태풍 접근으로 폭우에 더해 바람도 상당히 강해졌다.

VOCA
デパート 백화점 **~より** ~보다 **スーパー** 슈퍼마켓 **安い** 싸다 **嘘** 거짓말 **最近** 최근
電気代 전기요금 **ガス代** 가스요금 **値上がり** 값이 오름 **台風** 태풍 **接近** 접근 **かなり** 꽤, 상당히

복습 문제 10

유형1

❶ 最近、仕事がたまっていて、休暇どころではない。

Ⓐ 休暇をとりたくない　Ⓑ 休暇をとっても仕方がない
Ⓒ 休暇をとったことはない　Ⓓ 休暇をとる余裕がない

❷ 一人でこれを全部片付けるのは無理に決まっている。

Ⓐ きっと無理だろう　Ⓑ 無理なわけではない
Ⓒ 無理にすぎない　Ⓓ 無理だとは言えない

유형2

❸ 彼の作文(Ⓐ)は字が下手な(Ⓑ)ことに加わって(Ⓒ)、文法のミスも多すぎる(Ⓓ)。

❹ スマホの(Ⓐ)普及に(Ⓑ)共に、我々(Ⓒ)の生活も大きく変化した(Ⓓ)。

❺ 彼の(Ⓐ)話はいつも(Ⓑ)面白くて、笑わないでは(Ⓒ) いられる(Ⓓ)よ。

❻ 熱帯地方(Ⓐ)へ旅行するにあてて(Ⓑ)、事前に(Ⓒ)予防接種を受ける(Ⓓ)ことを勧めます。

❼ その監督は必要をもとに(Ⓐ) 適切に(Ⓑ)作戦を変えた(Ⓒ)が、結局、試合に(Ⓓ)負けてしまった。

유형3

❽ 勉強は苦手だが、走ること＿＿＿＿誰にも負けない。

Ⓐ によると　Ⓑ と共に　Ⓒ を問わず　Ⓓ にかけては

유형4

❾ 空港で息子の顔を ＿＿ ＿＿ ＿＿ ＿★＿ 。

Ⓐ とたん　Ⓑ 涙が　Ⓒ 見た　Ⓓ 溢れ出てきた

❿ 新しい先生は ＿＿ ＿★＿ 、＿＿ ＿＿ 私は毎日注意されている。

Ⓐ どころか　Ⓑ とても　Ⓒ 厳しくて　Ⓓ 優しい

41 ~に越(こ)したことはない ~하는 것이 최고다

MP3 061

여러 가지 것들 중에서 그것이 가장 좋다고 말하고 싶을 때 사용하는 표현이다. 비슷한 의미의 표현으로는 「~た方(ほう)がいい(~하는 것이 좋다)」라는 표현이 있는데 이 표현은 두 가지를 비교를 해 좋은 쪽을 제안하거나 조언할 때 사용한다는 차이가 있다.

예 **学校(がっこう)は家(いえ)から近(ちか)い に越(こ)したことはない。**
학교는 집에서 가까운 것이 최고다.

健康(けんこう)のためには、お酒(さけ)は飲(の)まない に越(こ)したことはない。
건강을 위해서는 술은 마시지 않는 것이 최고다.

42 ~に従(したが)って ~함에 따라서

MP3 062

전후의 변화를 나타내는 말이 와서 앞의 내용이 변화됨에 따라 뒤의 내용도 변화된다는 비례를 나타낼 때 사용한다. 비슷한 의미의 표현으로는 「~につれて(~함에 따라서)」가 있는데 두 표현 모두 한 번뿐인 변화에는 사용할 수 없으며 뒷부분에 의향을 나타내는 「~つもり(~할 생각)」이나 권유를 나타내는 「~ませんか(~하지 않겠습니까?)」 등이 올 수 없다는 공통점이 있다. 다만 「命令(めいれい)に従(したが)って行動(こうどう)する(명령에 따라 행동한다)」처럼 앞의 내용에 변화가 없는 경우에는 「~につれて」는 사용할 수 없다.

예 **スマホの普及(ふきゅう)に従(したが)って、私(わたし)たちの暮(く)らしも便利(べんり)になった。**
스마트폰의 보급에 따라 우리들의 생활도 편리해졌다.

女性(じょせい)の社会進出(しゃかいしんしゅつ)が進(すす)むに従(したが)って、結婚(けっこん)する女性(じょせい)の比率(ひりつ)も減(へ)ってきた。
여성의 사회진출이 진행하게 됨에 따라 결혼하는 여성 비율도 줄어들었다.

VOCA
~から ~에서 **健康(けんこう)** 건강 **スマホ** 스마트폰 **普及(ふきゅう)** 보급 **暮(く)らし** 생활 **社会進出(しゃかいしんしゅつ)** 사회진출
進(すす)む 진행하다 **比率(ひりつ)** 비율 **減(へ)る** 줄다, 줄어들다

43 ~にしては ~치고는

MP3 063

말하는 사람이 지금까지 가지고 있던 평가나 기대한 모습과는 다름을 나타내며, 주로 다른 사람을 비판하거나 평가할 때 사용하므로 자기 자신의 일에는 거의 사용하지 않는다. 비슷한 의미의 표현으로는 「～わりには(~에 비해서는)」가 있는데 대부분의 경우 서로 바꿔 쓸 수 있지만 「～にしては」 앞에는 い형용사가 올 수 없고 명사에 접속할 때 구체적인 수치가 아닌 「年齢(ねんれい)(연령)」처럼 추상도가 높은 명사일 경우에는 사용할 수 없다는 제약이 있다.

예 彼女(かのじょ)、外国人(がいこくじん)**にしては**日本語(にほんご)が本当(ほんとう)に上手(じょうず)だね。
그녀, 외국인인 것치고는 일본어를 정말 잘하네.

徹夜(てつや)してテスト勉強(べんきょう)をした**にしては**、あまりいい点(てん)が取(と)れなかったようだ。
밤샘하며 시험공부를 한 것치고는 별로 좋은 점수를 받지 못한 것 같다.

44 ~にしろ (아무리) ~라고 해도

MP3 064

「どんなに(아무리)」, 「いくら(아무리)」, 「たとえ(설령)」, 「仮(かり)に(만약)」 등의 표현과 호응하며 전후에 상반되는 두 가지 사항을 열거해 설령 어떤 상황이라도 예외 없이 성립함을 나타낸다. 「～にせよ(~라고 해도)」라고 나타내기도 하는데 「～としても(~라고 해도)」, 「～にしても(~라고 해도)」도 동일한 의미지만 이 두 표현은 주로 회화에서 사용한다.

예 いくら大好物(だいこうぶつ)**にしろ**、ちょっと食(た)べ過(す)ぎではないか。
아무리 아주 좋아하는 음식이라고 해도 좀 과식하는 것 아닌가.

部長(ぶちょう)からの指示(しじ)があった**にしろ**、もうこの件(けん)は変更(へんこう)できない。
부장님으로부터의 지시가 있었다고 해도 이제 이 건은 변경할 수 없다.

VOCA
外国人(がいこくじん) 외국인 **徹夜(てつや)** 철야, 밤샘 **テスト勉強(べんきょう)** 시험공부 **点(てん)を取(と)る** 점수를 받다 **いくら** 아무리
大好物(だいこうぶつ) 아주 좋아하는 음식 **食(た)べ過(す)ぎ** 과식 **指示(しじ)** 지시 **変更(へんこう)** 변경

45 MP3 065 ~に相違(そうい)ない ~임에 틀림없다

'~임에 틀림없다, 틀림없이 ~이다'라는 말하는 사람의 확신을 나타낼 때 사용한다. 딱딱한 문장체 표현이므로 일상회화 수준에서는 거의 사용되지 않고 격식이 높은 장면이나 재판, 보고서 등에서 볼 수 있다. 비슷한 의미의 표현으로는 「~に違(ちが)いない(~임에 틀림없다)」가 있는데 의미는 동일하지만 주로 회화체에서 사용되는 표현이다.

예 彼(かれ)の言(い)ったことは事実(じじつ)**に相違(そうい)ない**だろう。
그 사람이 말한 것은 사실임에 틀림없을 것이다.

この契約書(けいやくしょ)は明(あきら)氏(し)本人(ほんにん)が書(か)いたもの**に相違(そうい)ありません**。
이 계약서는 아키라 씨 본인이 적은 것임에 틀림없어요.

46 MP3 066 ~に沿(そ)って ~에 따라, ~에 부응해서

기대, 희망, 규칙, 방침, 생각, 매뉴얼 등 기준의 의미를 가진 말에 접속해 '~에서 떨어지지 않고, ~에 부응해서'라는 의미를 나타낸다. 비슷한 의미의 표현으로는 「~に従(したが)って(~함에 따라서)」가 있는데 이 표현은 「~に沿(そ)って」보다 명령이나 기대대로 한다는 의미가 좀 더 강한 표현이다.

예 大通(おおどお)り**に沿(そ)って**高(たか)いビルがずらりと並(なら)んでいる。
대로를 따라 높은 빌딩이 쭉 들어서 있다.

計画(けいかく)**に沿(そ)って**毎日(まいにち)3時間(じかん)以上(いじょう)は勉強(べんきょう)している。
계획에 따라 매일 3시간 이상은 공부하고 있다.

VOCA
事実(じじつ) 사실 **契約書**(けいやくしょ) 계약서 **本人**(ほんにん) 본인 **大通り**(おおどおり) 대로 **ずらりと** 쭉 늘어선 모양 **並ぶ**(ならぶ) 늘어서다
計画(けいかく) 계획

47 ~につき ~때문에, ~당, ~에 대해서

MP3 067

명사에 접속해 알림이나 게시물, 간판, 벽보 등의 고지나 격식을 차린 편지문에서 이유를 말할 때 사용한다. 이 표현은 '~당'이라는 의미로 사용되기도 하는데 비슷한 의미의 표현으로는 「~当(あ)たり(~당)」가 있다.

예 本日(ほんじつ)は定休日(ていきゅうび)**につき**、お休(やす)みです。
오늘은 정기휴일이기 때문에 쉬어요.

雨天(うてん)**につき**、今日(きょう)の試合(しあい)は中止(ちゅうし)です。
우천이어서 오늘 시합은 중지해요.

48 ~につけ(て) ~할 때마다

MP3 068

「見(み)る(보다)」, 「聞(き)く(듣다)」, 「考(かんが)える(생각하다)」, 「思(おも)う(생각하다)」, 「何(なに)か(뭔가)」, 「何事(なにごと)(무슨 일)」 등과 함께 사용되어 '~하면 언제나, ~하면 항상'이라는 의미를 나타내며 뒤에는 말하는 사람의 심정을 나타내는 문장이 자주 온다. 비슷한 의미의 표현으로는 「~たびに(~할 때마다)」가 있는데 일상회화에서는 이 표현이 좀 더 많이 사용된다.

예 この歌(うた)を聞(き)く**につけ**、子供(こども)の頃(ころ)が思(おも)い出(だ)される。
이 노래를 들을 때마다 어릴 때가 생각난다.

山田(やまだ)さんは何(なに)か**につけて**、私(わたし)を敵視(てきし)する。
야마다 씨는 무슨 일이 있을 때마다 나를 적대시한다.

VOCA

本日(ほんじつ) 오늘 **定休日(ていきゅうび)** 정기휴일 **雨天(うてん)** 우천 **試合(しあい)** 시합 **中止(ちゅうし)** 중지 **聞(き)く** 듣다
思(おも)い出(だ)す 떠올리다, 생각해내다 **敵視(てきし)** 적(대)시

49 ~に反して ~에 반해서, ~와(과)는 반대로

MP3 069

명사에 접속해 예상했던 결과와는 다른 상태가 되어 말하는 사람의 의외의 기분을 나타낼 때 사용한다. 앞에는 주로 「予想(예상)」, 「期待(기대)」, 「意図(의도)」, 「命令(명령)」 같은 명사가 자주 오며 바로 뒤에 오는 명사를 수식할 때는 「~に反する+명사」의 형태가 된다. 다소 딱딱한 느낌의 표현이므로 회화에서는 「~とは反対に(~와(과)는 반대로)」나 「~とは違って(~와(과)는 달리)」가 많이 사용된다.

예 専門家たちの予想**に反して**、景気は落ち込み始めた。
전문가들의 예상과는 반대로 경기는 침체되기 시작했다.

今度の判決は、みんなの期待**に反する**判決であった。
이번 판결은 모두의 기대에 반하는 판결이었다.

50 ~にほかならない (바로) ~이다, ~인 것이다

MP3 070

명사에 접속해 다른 선택지는 없고 '절대로 ~이다, ~이외의 것은 아니다'라는 단정이나 강조를 나타낸다. 일상회화보다는 평론문 등의 문장에서 주로 사용된다.

예 彼が試験に落ちたのは、単なる勉強不足**にほかならない**。
그 사람이 시험에 떨어진 건 단순한 공부 부족인 것이다.

こんな結果になってしまったのは、彼の独断のせい**にほかならない**。
이런 결과가 되어 버린 건 그 사람의 독단 탓이다.

VOCA
専門家 전문가 **予想** 예상 **景気** 경기 **落ち込む** 침체되다 **동사 ます형+始める** ~하기 시작하다
判決 판결 **期待** 기대 **試験に落ちる** 시험에 떨어지다 **単なる** 단순한 **勉強不足** 공부 부족
結果 결과 **独断** 독단 **~せい** ~탓

복습 문제 10

유형1

❶ 山頂に近づくにつれて空気は薄くなる。

Ⓐ を限りに　Ⓑ からといって　Ⓒ に従って　Ⓓ にもまして

❷ 会費は一人につき1,000円でございます。

Ⓐ 一人当たり　Ⓑ 一人をおいて　Ⓒ 一人にもまして　Ⓓ 一人をきっかけに

❸ 病気のない世の中が実現すれば、それに越したことはない。

Ⓐ それはあり得ないことだ　Ⓑ それが最高だ

Ⓒ それはあるかもしれない　Ⓓ それはあるはずがない

❹ これは山田氏本人の発言に相違いありません。

Ⓐ であるとは言い切れません　Ⓑ に違いません

Ⓒ に違いありません　Ⓓ であるはずがありません

유형2

❺ この曲を聞くにつき、学生時代を思い出す。

Ⓐ この　Ⓑ につき　Ⓒ 代　Ⓓ 思い出す

❻ この間決めた計画を沿って、仕事を進めていくつもりである。

Ⓐ 決めた　Ⓑ を　Ⓒ 進めて　Ⓓ つもり

유형3

❼ 子供のしたこと＿＿＿＿、決して許されることではない。

Ⓐ ともなると　Ⓑ において　Ⓒ にしろ　Ⓓ からには

❽ みんなの予想＿＿＿＿、試験はとても易しかった。

Ⓐ に対して　Ⓑ において　Ⓒ に即して　Ⓓ に反して

유형4

❾ したくないことは絶対にしないというのは＿＿＿、＿＿＿ ＿＿＿ ＿★＿。

Ⓐ にほかならない　Ⓑ 単なる　Ⓒ わがまま　Ⓓ 意地ではなく

❿ 子供が ＿＿＿ ＿＿＿ ＿★＿ ＿＿＿ とても上手だね。

Ⓐ に　Ⓑ 絵　Ⓒ しては　Ⓓ 描いた

51 ~に基(もと)づいて ~에 근거해서, ~에 기초해서

MP3 071

명사에 접속해 어떤 내용을 근거로 해서 설명할 때 사용한다. 뒤에 명사가 올 때는 「~に基(もと)づく+명사」나 「~に基(もと)づいた+명사」의 형태로 사용된다. 비슷한 의미의 표현으로는 「~を基(もと)にして(~을(를) 토대로 해서, ~을(를) 가지고)」가 있는데 어떤 내용을 근거로 한다는 의미일 때는 서로 바꿔 쓸 수 있지만 「パンは主(おも)に小麦粉(こむぎこ)を基(もと)にして作(つく)られる(빵은 주로 밀가루를 토대(재료)로 해서 만들어진다)」와 같은 문장에서처럼 구체적인 소재나 재료를 말할 때에는 「~に基(もと)づいて」를 사용할 수 없다.

예 この映画(えいが)は事実(じじつ)**に基(もと)づいて**作(つく)られたものです。
이 영화는 사실에 근거해서 만들어진 거예요.

これは実験(じっけん)して得(え)たデータ**に基(もと)づいて**立(た)てた仮説(かせつ)です。
이건 실험해 얻은 데이터에 근거해서 세운 가설이에요.

52 ~抜(ぬ)きで ~없이, ~을(를) 빼고

MP3 072

명사에 접속해 '~을(를) 고려에 넣지 않고, ~을(를) 제외하고'라는 의미로 포함될 수 있는 것이나 당연히 있어야 할 것이 없다는 것을 나타낸다. 뒷부분에는 「できない(할 수 없다)」나 「難(むずか)しい(어렵다)」처럼 부정적인 표현이 오는 게 일반적이다. 참고로 조사 「は」나 「を」를 취해 「~は抜(ぬ)きにして(~은(는) 빼고, ~은(는) 생략하고)」, 「~を抜(ぬ)きにして(~을(를) 빼고, ~을(를) 생략하고)」의 형태로 사용되기도 한다.

예 社長(しゃちょう)**抜(ぬ)きで**今度(こんど)の会議(かいぎ)は始(はじ)められません。
사장님 없이 이번 회의는 시작할 수 없어요.

こんな大切(たいせつ)な問題(もんだい)は、部長(ぶちょう)**抜(ぬ)きで**は決(き)められないよ。
이런 중요한 문제는 부장님 없이는 결정할 수 없어.

VOCA

実験(じっけん) 실험 **得(え)る** 얻다 **データ** 데이터 **立(た)てる** 세우다 **仮説(かせつ)** 가설 **社長(しゃちょう)** 사장
会議(かいぎ) 회의 **大切(たいせつ)だ** 중요하다 **部長(ぶちょう)** 부장

53 MP3 073 ～ばかりでなく ~뿐만 아니라

'~뿐만 아니라'라는 의미로 어떤 범위가 그 외에도 널리 미침을 나타낸다. 「～ばかりでなく」에서 앞부분에는 당연한 일을 나타내는 표현이 오고 뒷부분에는 「～も(~도)」, 「～まで(~까지)」, 「～さえ(~조차)」 등의 조사가 자주 온다. 비슷한 의미의 표현으로는 「～ばかりか(~뿐만 아니라)」가 있는데 이 표현은 놀람이나 감탄 등의 마음을 더 강하게 표현하고 싶을 때 사용하며 뒤에는 의지, 희망, 명령, 권유 등의 표현이 오기 힘들다는 제약이 있다.

예 体調不良で頭痛**ばかりでなく**吐き気もしてきた。
컨디션 불량으로 두통뿐만 아니라 구역질도 나기 시작했다.

あのレストランときたら、サービスが悪い**ばかりでなく**、料理も美味しくない。
저 레스토랑으로 말하자면 서비스가 나쁠 뿐만 아니라 요리도 맛있지 않다.

54 MP3 074 ～ばかりに ~한 탓에, ~때문에

불만이나 후회, 유감의 기분을 담아 어떤 나쁜 원인이나 결과가 되었음을 나타내며 뒷부분에는 그것에 의해 말하는 사람에게 의외로 발생한 나쁜 결과가 온다. 비슷한 의미의 표현으로는 「～せいで(~한 탓에)」가 있는데 「～ばかりに」가 어떤 원인이나 이유로는 생각지도 못했던 나쁜 결과가 되었다는 걸 나타낸다면 「～せいで」는 앞의 말을 받아 그것이 원인이나 이유라는 걸 나타낸다는 점에서 차이가 있다.

예 その人の言葉を信じた**ばかりに**、ひどい目に遭った。
그 사람의 말을 믿었던 탓에 호되게 당했다.

経験が浅い**ばかりに**、みんなに迷惑をかけてしまった。
경험이 얕은 탓에 모두에게 폐를 끼쳐 버렸다.

→VOCA
体調不良 컨디션 불량 **頭痛** 두통 **吐き気がする** 구역질이 나다 **レストラン** 레스토랑 **～ときたら** ~로 말하자면 **サービス** 서비스 **言葉** 말 **ひどい目に遭う** 호되게 당하다 **経験** 경험 **浅い** 얕다 **迷惑をかける** 폐를 끼치다

55 MP3 075 ~はさておき ~은(는) 제쳐 두고

명사에 접속해 어떤 일에 관한 것은 지금은 잠시 제쳐 둔다는 의미로, 접속사 「ところで(그런데)」처럼 화제를 바꿔 원래 주제로 돌아갈 때 사용한다. 비슷한 의미의 표현으로는 「AはともかくB(A는 어쨌든 B)」가 있는데 이 표현은 A라는 문제도 생각해야 되지만 지금은 그것보다도 B를 우선시해야 한다는 의미이다. 또한 「~はともかく」는 두 가지 내용을 비교해 지금까지 화제로 삼았는지 아닌지에 관계없이 사용할 수 있지만 「~はさておき」는 지금까지 화제로 삼았던 내용이 아닌 경우에는 다소 위화감이 느껴지는 표현이다.

예 この料理、見た目**はさておき**、味はとても美味しいよ。
이 요리, 겉모양은 제쳐 두고 맛은 아주 맛있어.

今回誰が発表するか**はさておき**、先にプレゼンの内容について話し合おう。
이번에 누가 발표할지는 제쳐 두고 먼저 프레젠테이션 내용에 대해 협의하자.

56 MP3 076 ~はもとより ~은(는) 물론이고

「AはもとよりB」의 형태로 'A는 물론이고 B도 ~이다'라는 의미를 나타내며 B보다 A 쪽이 내용적으로 더 강하거나 심할 때 사용한다. 비슷한 의미의 표현으로는 「~もさることながら(~도 물론이거니와)」와 「~はもちろん(のこと)(~은(는) 물론이고)」가 있는데 「AはもとよりB」는 결과적으로 A와 B 양쪽이 모두 결과에 포함되지만 「AもさることながらB」는 'A도 좋지만 B도'라는 의미이므로 A와 B 중 한쪽을 선택한다는 표현이다.

예 彼は音楽ファン**はもとより**、音楽に疎い人からも人気がある。
그 사람은 음악팬은 물론이고 음악에 친하지 않은 사람에게도 인기가 있다.

仕事が忙しすぎてデートする時間**はもとより**、ゆっくり寝る時間すら足りない。
일이 너무 바빠 데이트할 시간은 물론이고 느긋하게 잘 시간조차 부족하다.

VOCA
見た目 겉모양 **プレゼン** 프레젠테이션 **~について** ~에 대해서 **話し合う** 서로 이야기하다, 협의하다
音楽ファン 음악팬 **疎い** 친하지 않다, 잘 모르다 **ゆっくり** 느긋하게 **~すら** ~조차
足りない 모자라다, 부족하다

57 MP3 077 ~向き ~에 적합함

사람을 나타내는 명사에 접속해 그 대상에 적합함을 나타낸다. 비슷한 의미의 표현으로는 「~向け(~용)」가 있는데 「A向きのB」는 결과로 판단하거나 굳이 말하자면 A라는 대상에 딱 적합함을 나타내는 표현인데 반해 「A向けのB」는 처음부터 A라는 대상을 설정해 A를 위해서 B가 존재한다는 의미를 나타낸다.

예 どちらかと言うと、この映画は子供**向き**の映画だ。
굳이 말하자면 이 영화는 아이에게 적합한 영화다.

このテキストは簡単なので初心者**向き**だ。
이 교과서는 간단하기 때문에 초보자에게 적합하다.

58 MP3 078 ~ようがない ~할 수가 없다

동사 ます형에 접속해 그렇게 하고 싶지만 수단이나 방법이 없어 그렇게 할 수 없음을 강조할 때 사용한다. 「よう」를 한자로 적으면 「様(방법)」가 되므로 이 표현은 어디까지나 수단이나 방법이 없다는 의미이지 「×日本語の新聞は読みようがない(→○読めない)(일본어 신문은 읽을 수가 없다)」처럼 단순히 어려워서 할 수 없거나 불가능한 경우에는 사용할 수 없다.

예 直接言ってくれないことには、分かり**ようがない**よ。
직접 말해주지 않고서는 알 수가 없어.

住所も電話番号も分からないから、連絡のし**ようがない**よ。
주소도 전화번호도 모르니까 연락할 수가 없어.

VOCA

どちらかと言うと 굳이 말하자면 **テキスト** 교과서 **初心者** 초보자 **直接** 직접
~ないことには ~하지 않고서는 **住所** 주소 **電話番号** 전화번호 **連絡** 연락

59 ~をこめて ~을(를) 담아

MP3 079

「気持ち(기분, 마음)」, 「愛(사랑)」, 「心(마음)」, 「願い(바람)」, 「祈り(기도)」 등의 명사에 접속해 그것을 담아 어떤 일을 함을 나타낸다. 대체로 긍정적인 단어와 함께 사용하지만 「恨みをこめて(원망을 담아)」, 「殺意をこめて(살의를 담아)」, 「怒りをこめて(분노를 담아)」처럼 부정적인 단어와 함께 사용할 수도 있다.

예 彼女に心**をこめて**手紙を書いた。
그녀에게 마음을 담아 편지를 썼다.

彼女は愛**をこめて**毎日恋人にお弁当を作っている。
그녀는 사랑을 담아 매일 애인에게 도시락을 만들고 있다.

60 ~を巡って ~을(를) 둘러싸고

MP3 080

명사에 접속해 어떤 사안에 대해 주위에서 여러 가지 논쟁이나 의견 대립 등이 일어나고 있을 때 사용한다. 명사를 수식할 때는 「~を巡る+명사」의 형태가 되며 뒷부분에는 「争う(다투다)」, 「戦う(싸우다)」, 「議論する(논의하다)」, 「喧嘩する(싸우다)」처럼 의견 대립이나 논의, 논쟁과 관련된 표현이 자주 온다.

예 その問題**を巡って**、様々な意見が出た。
그 문제를 둘러싸고 여러 가지 의견이 나왔다.

高層マンションの建設**を巡って**、地域住民と建築会社が争っている。
고층 맨션의 건설을 둘러싸고 지역 주민과 건축회사가 다투고 있다.

VOCA

手紙を書く 편지를 쓰다 **問題** 문제 **様々** 여러 가지 **意見** 의견 **高層マンション** 고층 맨션
建設 건설 **地域住民** 지역 주민 **建築会社** 건축회사 **争う** 다투다, 투쟁하다

복습 문제 10

유형1

❶ 彼の忠告を聞き入れなかったばかりに、大きな失敗をしてしまった。

Ⓐ ものの　Ⓑ にしろ　Ⓒ せいで　Ⓓ とはいえ

❷ この件については肯定的な意見ばかりでなく、否定的な意見も多かった。

Ⓐ 意見を通じて　Ⓑ 意見をもって　Ⓒ 意見に関して　Ⓓ 意見だけでなく

❸ 最近の若者は、家はもとより車にも興味がないと言われている。

Ⓐ 家はもちろん　Ⓑ 家において　Ⓒ 家について　Ⓓ 家に伴って

유형2

❹ 強いて言えば、この本は男性より女性向かいの本である。

Ⓐ 強いて　Ⓑ この　Ⓒ より　Ⓓ 向かい

❺ 今度の事件が彼の犯行であることは、もう疑うようがない事実である。

Ⓐ 今度　Ⓑ こと　Ⓒ 疑う　Ⓓ 事実

❻ 原子力発電所の賛否で巡って、様々な意見が飛び交っている。

Ⓐ の　Ⓑ で　Ⓒ 様々な　Ⓓ 飛び交って

❼ このドラマは古い歌に基づいて作られたそうだ。

Ⓐ この　Ⓑ は　Ⓒ に基づいて　Ⓓ そうだ

유형3

❽ 母はいつも心を＿＿＿＿私たちにお弁当を作ってくれた。

Ⓐ 通して　Ⓑ こめて　Ⓒ 問わず　Ⓓ おいて

유형4

❾ 今日は ＿＿＿ ＿★＿ 、＿＿＿ ＿＿＿。

Ⓐ さておき　Ⓑ 楽しみましょう　Ⓒ 思い切り　Ⓓ 仕事の話は

❿ ＿＿＿ ＿＿＿ 、＿＿＿ ＿★＿ 早速本題に入りましょう。

Ⓐ あまり時間が　Ⓑ 前置き　Ⓒ 抜きで　Ⓓ ありませんので

JLPT 필수 어휘 및 표현 정리 1

☐ **飽(あ)きる** 질리다, 싫증이 나다

☐ **あくび** 하품

☐ **浅(あさ)い** 얕다

☐ **遊(あそ)ぶ** 놀다

☐ **頭(あたま)が切(き)れる** 두뇌회전이 빠르다

☐ **あり得(う・え)る** 있을 수 있다

☐ **生(い)きる** 살다, 살아가다

☐ **一般人(いっぱんじん)** 일반인

☐ **～上(うえ)に** ~인데다가, ~뿐만 아니라

☐ **雨天(うてん)** 우천

☐ **得(え)る** 얻다

☐ **遠足(えんそく)** 소풍

☐ **大通(おおどお)り** 대로

☐ **抑(おさ)える** 억제하다

☐ **落(お)ち込(こ)む** 침체되다

☐ **大人(おとな)** 어른

☐ **外国(がいこく)** 외국

☐ **家具(かぐ)** 가구

☐ **拡大(かくだい)** 확대

☐ **風邪気味(かぜぎみ)** 감기 기운

☐ **仮説(かせつ)** 가설

☐ **家族(かぞく)** 가족

☐ **必(かなら)ずしも** 반드시

☐ **蚊(か)に刺(さ)される** 모기에 물리다

☐ **かゆい** 가렵다

☐ **～から～にかけて** ~부터 ~에 걸쳐서

☐ **傷(きず)** 상처, 흠집

☐ **きつい** 꽉 끼다

☐ **厳(きび)しい** 엄하다, 엄격하다

☐ **勤務条件(きんむじょうけん)** 근무조건

☐ **暮(く)らす** 살다, 생활하다

☐ **詳(くわ)しい** 상세하다, 자세하다

☐ **計画(けいかく)** 계획

☐ **景気(けいき)** 경기

☐ **契約書(けいやくしょ)** 계약서

☐ **決(けっ)して** 결코

☐ **工事(こうじ)** 공사

☐ **交通事故(こうつうじこ)に遭(あ)う** 교통사고를 당하다

☐ **答(こた)える** 대답하다

☐ **探(さが)す** 찾다

loading...

□ **先送り**(さきおくり) 보류

□ **寂しい**(さびしい) 쓸쓸하다, 외롭다

□ **事実**(じじつ) 사실

□ **実験**(じっけん) 실험

□ **実施**(じっし) 실시

□ **収入**(しゅうにゅう) 수입

□ **昇進**(しょうしん) 승진

□ **所得税**(しょとくぜい) 소득세

□ **調べる**(しらべる) 찾다, 조사하다

□ **資料**(しりょう) 자료

□ **信じる**(しんじる) 믿다

□ **過ぎる**(すぎる) 지나다, 넘다

□ **~すら** ~조차

□ **ずらりと** 쭉 늘어선 모양

□ **性格**(せいかく) 성격

□ **成績**(せいせき) 성적

□ **税率**(ぜいりつ) 세율

□ **席を立つ**(せきをたつ) 자리를 뜨다

□ **接近**(せっきん) 접근

□ **大会**(たいかい) 대회

□ **大好物**(だいこうぶつ) 아주 좋아하는 음식

□ **台風**(たいふう) 태풍

□ **足りない**(たりない) 모자라다, 부족하다

□ **だるい** 나른하다

□ **担当**(たんとう) 담당

□ **担当者**(たんとうしゃ) 담당자

□ **単なる**(たんなる) 단순한

□ **近い**(ちかい) 가깝다

□ **力**(ちから) 힘, 능력

□ **遅刻**(ちこく) 지각

□ **中止**(ちゅうし) 중지

□ **接接**(せっきん) 접근

□ **着く**(つく) 도착하다

□ **伝える**(つたえる) 전하다, 알려주다

□ **提案**(ていあん) 제안

□ **定休日**(ていきゅうび) 정기휴일

□ **敵**(てき) 적, 적수

□ **電気代**(でんきだい) 전기요금

□ **~ときたら** ~로 말하자면

□ **どちらかと言う**(いう)**と** 굳이 말하자면

- □ **突然** 돌연, 갑자기
- □ **~とは** ~라니, ~하다니
- □ **~とは限らない** ~인 것은 아니다
- □ **努力** 노력
- □ **~ないことには** ~하지 않고서는
- □ **内容** 내용
- □ **長続き** 오래 지속됨
- □ **長年** 오랫동안
- □ **殴る** 때리다
- □ **納得** 납득
- □ **~に通う** ~에 다니다
- □ **~に住んでいる** ~에 살고 있다
- □ **人間** 인간
- □ **値上り** 값이 오름
- □ **喉が渇く** 목이 마르다
- □ **流行る** 유행하다
- □ **引っ越し** 이사
- □ **ひどい目に遭う** 호되게 당하다
- □ **比率** 비율
- □ **普及** 보급
- □ **減る** 줄다, 줄어들다
- □ **変化** 변화
- □ **巻き込まれる** 말려들다
- □ **間違える** 틀리다, 실수를 하다
- □ **守る** 지키다
- □ **右に出る者はいない** 가장 뛰어나다
- □ **見た目** 겉모양
- □ **見つかる** 발견되다
- □ **文句** 불평, 불만
- □ **約束** 약속
- □ **役に立つ** 도움이 되다
- □ **優秀** 우수
- □ **優勝** 우승
- □ **許す** 용서하다, 허락하다
- □ **夜中** 밤중
- □ **読み切る** 전부 읽다
- □ **料理** 요리
- □ **連絡** 연락
- □ **若い** 젊다
- □ **동사 기본형+べきだ** ~해야만 한다

앞으로 배울 N1 문형을 미리 살펴보자!

01 ~あっての
02 ~いかん
03 ~かいもなく
04 ~限(かぎ)りだ
05 ~かたがた
06 ~がてら
07 ~かと思(おも)うと
08 ~が早(はや)いか
09 ~からある
10 ~きらいがある
11 ~きわまりない
12 ~始末(しまつ)だ
13 ~ずくめ
14 ~そばから
15 ~たが最後(さいご)
16 ~だけましだ
17 ~たところで
18 ~つ~つ
19 ~っぱなし
20 ~であれ
21 ~てからというもの
22 ~手前(てまえ)
23 ~てやまない
24 ~と相(あい)まって
25 ~とあって
26 ~といい~といい
27 ~といえども
28 ~といったらない
29 ~と思(おも)いきや
30 ~ところを
31 ~とばかり(に)
32 ~ともなく
33 ~ともなると
34 ~ないまでも
35 ~なくして(は)
36 ~にあって
37 ~に至(いた)って(は)
38 ~にかかわる
39 ~にかこつけて
40 ~にかたくない
41 ~に即(そく)して
42 ~にたえる
43 ~に足(た)る
44 ~に(は)当(あ)たらない
45 ~にひきかえ
46 ~にもまして
47 ~の至(いた)り
48 ~までして
49 ~めく
50 ~やら
51 ~ゆえ(に)
52 ~をおいて
53 ~を押(お)して
54 ~を限(かぎ)りに
55 ~を皮切(かわき)りに
56 ~を禁(きん)じ得(え)ない
57 ~を踏(ふ)まえて
58 ~をもって
59 ~を余儀(よぎ)なくされる
60 ~をよそに

01 ~あっての ~있기에 가능한, ~이(가) 있고서의

MP3 081

「AあってのB」의 형태로 A가 있기 때문에 B가 성립하거나 가능함을 감사하는 기분으로 말할 때 사용한다. 바꿔 말하면 이 표현은 A가 없으면 B는 성립하지 않는다는 의미이며 A에는 주로 사람이나 조직을 나타내는 명사가 많이 온다.

예 どんな小(ちい)さな成功(せいこう)も努力(どりょく)**あっての**ことだ。
어떤 작은 성공도 노력이 있기에 가능한 것이다.

お客様(きゃくさま)**あっての**仕事(しごと)ですから、言葉遣(ことばづか)いには気(き)を付(つ)けてください。
고객이 있기에 가능한 일이니까 말투에는 주의하세요.

02 ~いかん ~여하, ~여부

MP3 082

명사에 접속해 그것에 따라 어떤 일이 변화하거나 변화하지 않음을 나타낸다. 주로 「~いかんでは(~여하에 따라서는)」, 「~いかんにかかわらず(~여하에 관계없이)」, 「~いかんによって(~여하에 따라)」, 「~いかんによらず(~여하에 관계없이)」, 「~いかんを問(と)わず(~여하를 불문하고)」 등과 같은 표현으로 사용된다.

예 この試験(しけん)の点数(てんすう)**いかんでは**、進級(しんきゅう)できない場合(ばあい)もある。
이 시험 점수 여하에 따라서는 진급할 수 없는 경우도 있다.

今回(こんかい)の検査(けんさ)の結果(けっか)**いかんによって**、入院(にゅういん)するかどうかが決(き)まる。
이번 검사 결과 여하에 따라 입원할지 안 할지가 결정된다.

VOCA
成功(せいこう) 성공 **努力**(どりょく) 노력 **言葉遣い**(ことばづかい) 말투 **気を付ける**(きをつける) 조심하다, 주의하다 **進級**(しんきゅう) 진급 **場合**(ばあい) 경우
検査(けんさ) 검사 **結果**(けっか) 결과 **~かどうか** ~인지 아닌지, ~일지 어떨지

03 MP3 083 ~かいもなく ~한 보람도 없이

어떤 목적이나 의지를 가지고 한 행위나 행동이 좋은 효과, 성과, 보람 등이 없음을 나타낸다. 반대로 바람직한 성과나 보람 등이 있을 때는 「～かいがあって(~한 보람이 있어)」로 나타내며 의지동사에 접속할 때는 「生(い)きがい(삶의 보람)」, 「教(おし)えがい(가르치는 보람)」처럼 되는데 이때는 항상 「がい」라고 발음한다.

예 頑張(がんば)ったかいもなく、試験(しけん)に落(お)ちてしまった。
노력한 보람도 없이 시험에 떨어져 버렸다.

熱心(ねっしん)に応援(おうえん)したかいもなく、うちの学校(がっこう)は負(ま)けてしまった。
열심히 응원한 보람도 없이 우리 학교는 패해 버렸다.

04 MP3 084 ~限(かぎ)りだ ~일 따름이다, 너무 ~하다

「嬉(うれ)しい(기쁘다)」, 「恥(は)ずかしい(부끄럽다)」, 「心細(こころぼそ)い(불안하다)」, 「残念(ざんねん)だ(아쉽다, 유감스럽다)」 등 주로 감정을 나타내는 い형용사나 な형용사에 접속해 현재 자신이 최고로 그렇다고 느끼고 있다는 마음의 상태를 나타낸다. 말하는 사람의 기분을 나타내므로 3인칭 문장에서는 거의 사용하지 않는다.

예 また同(おな)じ失敗(しっぱい)をしてしまい、恥(は)ずかしい限(かぎ)りです。
또 똑같은 실패를 해 버려 부끄러울 따름이에요.

皆(みな)さんにお褒(ほ)めのお言葉(ことば)をいただき、本当(ほんとう)に嬉(うれ)しい限(かぎ)りです。
여러분들께 칭찬을 받아 정말 너무 기뻐요.

VOCA
頑張(がんば)る 분발하다, 노력하다 **試験(しけん)に落(お)ちる** 시험에 떨어지다 **熱心(ねっしん)に** 열심히 **応援(おうえん)する** 응원하다
負(ま)ける 지다, 패하다 **失敗(しっぱい)** 실패 **お褒(ほ)めのお言葉(ことば)** 칭찬의 말씀
～ていただく ~해 받다(「～てもらう」의 겸양 표현)

05 ~かたがた ~할 겸

MP3 085

명사에 접속해 하나의 행위나 동작에 두 개의 목적을 덧붙여 행함을 나타낸다. 주로 손윗사람에게 보내는 인사나 편지, 문병, 답례 등 격식이 있는 자리에서 자주 사용되고 뒷부분에는 「訪問(ほうもん)する(방문하다)」, 「訪(たず)ねる(방문하다)」, 「伺(うかが)う(찾아뵙다)」 등 이동과 관련된 동사가 주로 온다.

예

まずはお礼(れい)**かたがた**ご挨拶(あいさつ)申(もう)し上(あ)げます。
우선은 답례 겸 인사를 드립니다.

結婚(けっこん)のご報告(ほうこく)**かたがた**一度(いちど)お伺(うかが)いいたします。
결혼 보고 겸 한 번 찾아뵙겠습니다.

06 ~がてら ~하는 김에

MP3 086

「Aがてら B」의 형태로 주목적인 A라는 기회를 이용해 부수적인 목적인 B를 함을 나타낸다. 주로 A부분에는 「散歩(さんぽ)する(산책하다)」, 「歩(ある)く(걷다)」, 「行(い)く(가다)」 등 이동과 관련된 동사의 ます형이 오고 B에는 동작과 관련된 동사가 온다. 비슷한 의미의 표현으로는 「～ついでに(~하는 김에)」가 있는데 「～がてら」는 이동을 동반하는 문장에 사용되지만 「顔(かお)を洗(あら)うついでに歯(は)も磨(みが)いた(세수를 하는 김에 이도 닦았다)」처럼 「～ついでに」에는 그런 제약이 없다.

散歩(さんぽ)**がてら**朝刊(ちょうかん)を買(か)ってきた。
산책하는 김에 조간을 사 왔다.

外(そと)へ行(い)き**がてら**花見(はなみ)をしてきた。
밖에 가는 김에 꽃구경을 하고 왔다.

VOCA

お礼(れい) 답례, 사례　**挨拶(あいさつ)** 인사　**申(もう)し上(あ)げる** 말씀드리다(「言(い)う」의 겸양어)　**結婚(けっこん)** 결혼
報告(ほうこく) 보고　**一度(いちど)** 한 번　**朝刊(ちょうかん)** 조간　**花見(はなみ)をする** 꽃구경을 하다

07 ~かと思うと ~하는가 싶더니, ~했다고 생각한 순간

MP3 087

어떤 일이 일어난 바로 직후에 잇따라 다음 일이 일어남을 나타낸다. 이 표현은 말하는 사람의 놀라움이나 의외라는 기분이 포함된 표현으로, 자신의 행동에는 사용할 수 없다. 그리고 뒷부분에 의지문, 명령문, 부정문 등은 올 수 없다.

예 彼女は立ち上がった**かと思うと**、いきなり倒れてしまった。
그녀는 일어나는가 싶더니 갑자기 쓰러져 버렸다.

赤ちゃんはようやく泣き止んだ**かと思うと**、またすぐに泣き出した。
아기는 겨우 울음을 그치는가 싶더니 또 바로 울기 시작했다.

08 ~が早いか ~하자마자

MP3 088

동사 기본형에 접속해 어떤 일을 함과 거의 동시에 다음 일을 함을 나타낸다. 이 표현은 실제로 일어난 일에 대해 묘사하는 표현으로, 자신의 행위에는 사용할 수 없고 제3자의 상태에 대해서만 사용하며 뒷부분에는 명령문, 부정문 등은 오지 않는다. 비슷한 의미의 표현으로는 「~や否や(~하자마자)」가 있는데 이 표현은 「家を出るや否や、雨が降り出した(집을 나오자마자 비가 내리기 시작했다)」처럼 자연현상이나 자발적 동작을 나타내는 무의지동사에도 사용할 수 있지만 「~が早いか」는 그렇지 않다.

예 彼は席に着く**が早いか**、猛烈な勢いで食べ始めた。
그 사람은 자리에 앉자마자 맹렬한 기세로 먹기 시작했다.

チャイムが鳴る**が早いか**、生徒たちは教室を飛び出した。
벨이 울리자마자 학생들은 교실을 뛰쳐나갔다.

VOCA

立ち上がる 일어나다 **いきなり** 갑자기 **倒れる** 쓰러지다 **ようやく** 겨우, 간신히
泣き止む 울음을 그치다 **泣き出す** 울기 시작하다 **席に着く** 자리에 앉다 **猛烈だ** 맹렬하다
勢い 기세 **チャイムが鳴る** 벨이 울리다 **生徒たち** 학생들 **飛び出す** 뛰쳐나가다

09 ~からある ~나 되는

MP3 089

크기, 길이, 무게 등 수량을 나타내는 말에 접속해 그 수량을 강조할 때 사용한다. 회화에서는 조사 「~から」 대신에 「~も」를 사용해 「~もある」의 형태로 쓰인다. 참고로 가격을 나타내는 말은 보통 「~からする(~나 하는)」로 나타낸다.

예 昨日(きのう)、釣(つ)りに行(い)って30キロ**からある**魚(さかな)を釣(つ)った。
어제 낚시하러 가서 30킬로그램이나 되는 물고기를 낚았다.

健康(けんこう)のために、毎日(まいにち)10キロ**からある**距離(きょり)を歩(ある)いている。
건강을 위해 매일 10킬로미터나 되는 거리를 걷고 있다.

10 ~きらいがある ~인 경향이 있다

MP3 090

「いつも(늘, 항상)」, 「どうも(아무래도)」 등의 부사와 함께 사용되어 그렇게 되기 쉬운 좋지 않은 경향이 있다는 것을 비판적으로 말할 때 사용한다. 비슷한 의미의 표현으로는 「~がちだ(자주 ~하다, ~하기 쉽다)」가 있는데 「~きらいがある」는 그 횟수가 많거나 빈도가 높은 경우에는 사용할 수 없다는 제약이 있다.

예 円高(えんだか)になると株価(かぶか)が下(さ)がる**きらいがある**。
엔이 높아지면 주가가 내려가는 경향이 있다.

彼女(かのじょ)は自分(じぶん)の感情(かんじょう)をすぐ顔(かお)に出(だ)す**きらいがある**。
그녀는 자신의 감정을 바로 얼굴에 드러내는 경향이 있다.

VOCA
釣(つ)りに行(い)く 낚시하러 가다 **キロ** 킬로그램, 킬로미터 **釣(つ)る** 낚다 **健康(けんこう)** 건강 **距離(きょり)** 거리
円高(えんだか) 엔고, 엔화 강세 **株価(かぶか)が下(さ)がる** 주가가 내려가다 **顔(かお)に出(だ)す** 얼굴에 드러내다

복습 문제 10

유형1

❶ 彼女はその話を聞くが早いか、泣き出した。

Ⓐ 聞かないうちに　Ⓑ 聞きつつ　Ⓒ 聞くや否や　Ⓓ 聞いたとはいえ

❷ あの人ときたら、何でもおおげさに話すきらいがある。

Ⓐ 話す傾向がある　Ⓑ 話したことがある

Ⓒ 話すべきだ　Ⓓ 話しても差し支えない

유형2

❸ 今の状況いかんには、当初の作戦を変えることも考えられる。

Ⓐ いかんには　Ⓑ 当初　Ⓒ 変える　Ⓓ 考えられる

❹ 親会社あったの下請けだから、親会社の指示には従わないわけにはいかない。

Ⓐ あったの　Ⓑ だから　Ⓒ には　Ⓓ わけにはいかない

❺ 祖父のお見舞いのかたがた、久しぶりに故郷へ帰ることにした。

Ⓐ の　Ⓑ のかたがた　Ⓒ へ　Ⓓ ことにした

유형3

❻ 中村君は学校まで5キロ＿＿＿＿＿道を毎日歩いて通っている。

Ⓐ からくる　Ⓑ からきる　Ⓒ からいる　Ⓓ からある

❼ 彼が国に帰ってしまうなんて、残念な＿＿＿＿＿。

Ⓐ 通りだ　Ⓑ 限りだ　Ⓒ ものだ　Ⓓ しかだ

❽ 毎日運動した＿＿＿＿＿もなく、あまり痩せなかった。

Ⓐ わけ　Ⓑ かい　Ⓒ ひき　Ⓓ たし

유형4

❾ 近くに引っ越してきた＿＿＿ ＿＿＿ ＿★＿ ＿＿＿。

Ⓐ 訪ねてみた　Ⓑ がてら　Ⓒ 友達の家に　Ⓓ 買い物

❿ ＿＿＿ ＿★＿ 、＿＿＿ ＿＿＿ 襲われた。

Ⓐ 地鳴りが聞こえた　Ⓑ かと思うと　Ⓒ 揺れに　Ⓓ 激しい

11 ~きわまりない ~하기 짝이 없다, 지나치게 ~하다

MP3 091

「残酷(잔혹)」, 「非常識(몰상식)」, 「無礼(무례)」, 「不親切(불친절)」 등 부정적인 의미의 한자어와 함께 사용되어 '더없이 ~하다, 대단히 ~하다'라는 의미로 말하는 사람의 감정을 강조할 때 사용한다. 「~きわまる(~하기 짝이 없다, 지나치게 ~하다)」도 동일한 의미지만 「感きわまって(감동한 나머지)」처럼 관용표현으로 사용될 때는 「きわまる」밖에 사용할 수 없다.

예 私は鈴木君の軽率**きわまりない**発言に呆れてしまった。
나는 스즈키 군의 경솔하기 짝이 없는 발언에 기가 막혀 버렸다.

私は彼の無礼**きわまりない**態度を到底我慢できなかった。
나는 그 사람의 무례하기 짝이 없는 태도를 도저히 참을 수 없었다.

12 ~始末だ ~지경이다, ~모양이다

MP3 092

나쁜 상황들이 반복되다가 결국에는 더욱 좋지 않은 결과가 되었음을 나타낸다. 주로 「とうとう(마침내, 결국)」, 「最後は(결국은)」 등의 표현과 함께 사용되며 동사 기본형 이외에도 「この始末だ(이 지경이다, 이 모양이다)」, 「あの始末だ(저 지경이다, 저 모양이다)」의 형태로 사용되기도 한다.

예 一人で解決しようとしたせいで、この**始末だ**。
혼자서 해결하려고 한 탓에 이 지경이다.

残業続きで体が弱くなり、とうとう入院する**始末だ**。
계속된 야근으로 몸이 약해져 결국 입원하는 지경이다.

VOCA
軽率 경솔 **発言** 발언 **呆れる** 질리다, 기가 막히다 **態度** 태도 **到底** 도저히
我慢 참음, 인내 **~せいで** ~탓에 **残業続き** 야근이 계속됨 **体が弱くなる** 몸이 약해지다

13 ~ずくめ ~일색, ~투성이

MP3 093

물건, 색깔, 사건 등에 접속해 그 대상으로 가득 차 있거나 그런 일이 차례차례로 일어날 때 사용한다. 일상생활에서 일어나는 좋은 일에 주로 사용하며 부정적인 일에도 사용할 수 있다. 비슷한 의미의 표현으로는 「～だらけ(~투성이)」가 있는데 셀 수 있는 대상에 접속할 때는 「規則(きそく)ずくめ(규칙투성이)」, 「規則(きそく)だらけ(규칙투성이)」처럼 양쪽 모두 사용이 가능하지만 「泥(どろ)だらけ(진흙투성이)」처럼 양을 나타내는 말에 「～ずくめ」는 잘 접속하지 않는다.

예 恋人(こいびと)もできたし、時給(じきゅう)も上(あ)がったし、最近(さいきん)はいいことずくめだ。
애인도 생겼고 시급도 올랐고 최근에는 좋은 일 일색이다.

この学校(がっこう)は規則(きそく)ずくめで、本当(ほんとう)に嫌(いや)になる。
이 학교는 규칙투성이로 정말 싫어진다.

14 ~そばから ~하자마자 바로, ~하자마자 금세

MP3 094

「AそばからB」의 형태로 모처럼 A를 해도 바로 그 후에 B라는 상태가 됨을 나타낸다. 이 표현은 주로 반복되고 규칙적인 일에 사용하므로 한 번으로 끝나는 일에는 잘 사용하지 않으며 말하는 사람의 불만이나 비난의 기분이 포함되어 있기 때문에 뒷부분에는 「～てしまう(~해 버리다)」가 자주 온다.

예 年(とし)のせいか、覚(おぼ)えたそばから忘(わす)れてしまう。
나이 탓인지 외우자마자 바로 잊어버린다.

うちの子(こ)は部屋(へや)を片付(かたづ)けるそばから散(ち)らかしてしまう。
우리 애는 방을 치우자마자 금세 어질러 버린다.

VOCA

時給(じきゅう) 시급 **上(あ)がる** 올라가다 **嫌(いや)になる** 싫어지다 **片付(かたづ)ける** 치우다, 정리하다
散(ち)らかす 어지르다

15 ~たが最後 ~했다 하면

MP3 095

「最後(최후, 마지막)」라는 단어가 포함되어 있는 것처럼 일단 어떤 일을 하면 이제 모든 것이 끝이거나 원래대로는 돌아갈 수 없음을 나타낸다. 참고로 「～たら最後」라고 나타낼 수도 있는데 이 표현이 좀 더 구어체적이다.

예

彼は一旦寝**たが最後**、朝になるまで起きない。
그 사람은 일단 잤다 하면 아침이 될 때까지 일어나지 않는다.

このデータは一度削除し**たが最後**、元に戻せなくなる。
이 데이터는 한 번 삭제했다 하면 원래대로 되돌릴 수 없게 된다.

16 ~だけましだ ~만으로도 다행이다

MP3 096

「ましだ(썩 좋다고는 할 수 없지만 다른 것보다는 그래도 낫다)」라는 な형용사로 알 수 있듯이 더 좋지 않은 상황이나 사태가 발생할 수도 있지만 다른 상황보다 아직은 좋음을 나타낸다.
이 표현은 「まだ(아직)」를 사이에 넣어 강조의 의미로 「～だけまだましだ(~만으로도 아직 다행이다)」의 형태로 쓰기도 한다.

예

このような不景気に、仕事がある**だけましだ**よ。
이와 같은 불경기에 일이 있는 것만으로도 다행이야.

残業続きで大変だが、残業手当が出る**だけましだ**よ。
계속된 야근으로 힘들지만 야근수당이 나오는 것만으로도 다행이야.

VOCA

一旦 일단 **データ** 데이터 **削除する** 삭제하다 **元** 원래 **戻す** 되돌리다 **不景気** 불경기
大変だ 힘들다 **手当** 수당

17 ~たところで ~한다고 해도

MP3 097

동사 た형에 접속해 만일 어떤 일이 성립한다고 가정해도 제대로 된 결과가 되지 않음을 나타낸다. 앞부분에는 「どんなに(아무리)」, 「いくら(아무리)」, 「たとえ(설령)」 등의 표현이 자주 오며 뒷부분에는 말하는 사람의 주관적인 단정이나 추측을 나타내는 문장이 온다.

예 おしゃれな服(ふく)を買(か)ったところで、着(き)て行(い)く所(ところ)がない。
멋진 옷을 산다고 해도 입고 갈 곳이 없다.

一生懸命(いっしょうけんめい)働(はたら)いたところで、こんなに物価(ぶっか)が高(たか)くては生活(せいかつ)も楽(らく)にはならないだろう。
열심히 일한다고 해도 이렇게 물가가 비싸서는 생활도 편안해지지는 않을 것이다.

18 ~つ~つ ~하기도 하고 ~하기도 하고

MP3 098

동사 ます형에 접속해 두 가지 사항의 열거를 나타낸다. 이 표현은 주로 「持(も)ちつ持(も)たれつ(서로 도우며, 상부상조)」, 「追(お)いつ追(お)われつ(쫓고 쫓기며)」, 「抜(ぬ)きつ抜(ぬ)かれつ(앞서거니 뒤서거니)」 처럼 관용표현으로 많이 사용된다. 비슷한 의미의 표현으로는 「~たり~たり(~하거나 ~하거나)」가 있는데 「~つ~つ」는 사용할 수 있는 표현이 상당히 제한적이지만 「~たり~たり」는 거의 제약이 없는 표현이다.

예 今夜(こんや)の月(つき)は雲間(くもま)から見(み)えつ隠(かく)れつしている。
오늘 밤 달은 구름 사이에서 보이기도 하고 숨기도 하고 있다.

その試合(しあい)は最後(さいご)まで抜(ぬ)きつ抜(ぬ)かれつの接戦(せっせん)であった。
그 시합은 마지막까지 앞서거니 뒷서거니 하는 접전이었다.

VOCA
おしゃれ 멋을 부림 **一生懸命(いっしょうけんめい)** 열심히 **働(はたら)く** 일하다 **物価(ぶっか)** 물가 **今夜(こんや)** 오늘 밤 **雲間(くもま)** 구름 사이
隠(かく)れる 숨다 **接戦(せっせん)** 접전

19 ~っぱなし 계속 ~인 채, 계속 ~한 상태

MP3 099

동사 ます형에 접속해 어떤 일을 한 상태가 그대로 계속 이어짐을 나타낸다. 이 표현은 동작동사에 접속하며 상태동사에는 붙지 않는다. 그리고 긍정적인 의미보다는 부정적인 의미로 사용되는 경우가 많다. 비슷한 의미의 표현으로는 「~たまま(~한 채로)」가 있는데 결과의 존속을 나타낸다는 점에서는 공통적이지만 행위의 계속을 나타낼 때는 「~たまま」는 사용할 수 없다. 또한 같은 결과의 존속을 나타내지만 「~っぱなし」는 해야만 하는 일을 하지 않고 방치한다는 부정적인 뉘앙스가 있고 「~たまま」는 그러한 뉘앙스가 없는 중립적인 표현이다.

예 電気(でんき)をつけ**っぱなし**にしないで、ちゃんと消(け)しましょう。
불을 켜 둔 채로 두지 말고 제대로 끕시다.

今朝(けさ)、窓(まど)を開(あ)け**っぱなし**にして出(で)かけたような気(き)がする。
오늘 아침 창문을 열어 놓은 채로 외출한 듯한 느낌이 든다.

20 ~であれ ~라고 해도, ~이든

MP3 100

「どんなに(아무리)」, 「いくら(아무리)」, 「たとえ(설령)」 등의 부사와 함께 사용되어 '~에 관계없이'라는 의미로 말하는 사람의 주관적인 판단, 의지, 추량을 나타낸다. 이 표현은 「Aであれ、Bであれ(A이든 B이든)」의 형태로 사용되기도 하며 비슷한 의미의 표현으로는 「~であろうと(~라고 해도)」와 「~であろうが(~라고 해도)」가 있는데 두 표현 모두 「~であれ」보다 좀 더 딱딱한 느낌의 표현이다.

예 たとえ1円(えん)**であれ**、盗(ぬす)んではいけないよ。
설령 1엔이라고 해도 훔쳐서는 안 돼.

外国人(がいこくじん)**であれ**、日本(にほん)にいる間(あいだ)は日本(にほん)の法律(ほうりつ)を守(まも)らなければならない。
외국인이라고 해도 일본에 있는 동안에는 일본의 법률을 지키지 않으면 안 된다.

VOCA

出(で)かける 외출하다 **気(き)がする** 느낌이 들다, 생각이 들다 **盗(ぬす)む** 훔치다
~てはいけない ~해서는 안 된다 **~間(あいだ)は** ~동안은 **~なければならない** ~하지 않으면 안 된다

복습 문제 10

유형1

❶ 使ったものは出しっぱなしにしないで、もとのところに戻しましょう。

Ⓐ 出す間　Ⓑ 出したばかり　Ⓒ 出している中　Ⓓ 出したまま

❷ うちの子は、私が掃除したそばから部屋を汚なくする。

Ⓐ 掃除する間に　Ⓑ 掃除しないうちに

Ⓒ 掃除したきり　Ⓓ 掃除した後、すぐに

유형2

❸ 大学には(Ⓐ)合格したし、彼女もできたし(Ⓑ)、今年は(Ⓒ)いいことだらけ(Ⓓ)の年だった。

❹ 交通事故に遭って(Ⓐ)怪我はしたものの(Ⓑ)、大事に(Ⓒ)ならなかったほど(Ⓓ)ましです。

❺ この映画は、国際的な(Ⓐ)陰謀をめぐって(Ⓑ)繰り広げられる追いつ追わせ(Ⓒ)つの追撃戦を描いた(Ⓓ)映画である。

유형3

❻ 一人で十分できると言ったくせに、この＿＿＿＿。

Ⓐ 最初だ　Ⓑ 始発だ　Ⓒ 始末だ　Ⓓ 終始だ

❼ 彼にお金を＿＿＿＿が最後、絶対に返してもらえないだろう。

Ⓐ 貸す　Ⓑ 貸し　Ⓒ 貸した　Ⓓ 貸そう

❽ あんな不作法＿＿＿＿店員がいる店など、二度と行くものか。

Ⓐ きわめる　Ⓑ きわまりない　Ⓒ きわまった　Ⓓ きわまらない

유형4

❾ 試験は明日なのだから、＿＿＿ ＿＿＿ ＿★＿ ＿＿＿ 変わらないよ。

Ⓐ 勉強した　Ⓑ 今から　Ⓒ あまり　Ⓓ ところで

❿ ＿＿＿ ＿＿＿ ＿★＿ 、＿＿＿ 子供が決めたことに一々口出しするのはよくないと思う。

Ⓐ たとえ　Ⓑ 自分の　Ⓒ 親　Ⓓ であれ

21 ~てからというもの ~한 후, ~하고 부터는

MP3 101

어떤 행위나 사건이 뒤에 일어나는 상태의 계기가 됨을 말하는 사람의 마음을 담아 말할 때 사용한다. 비슷한 의미의 표현으로는 「～て以来(~한 이래)」가 있는데 「～て以来」는 특별한 감정이입을 하지 않고 그 변화를 사실로써 인정하고 객관적으로 말할 때 사용하지만 「～てからというもの」는 말하는 사람의 마음을 담아 예상치 못했던 일이 일어나거나 그 후의 상황이나 모습이 크게 변해 버렸음을 말할 때 사용한다.

예 妹が生まれ**てからというもの**、母はだいぶ忙しくなった。
여동생이 태어난 후 어머니는 상당히 바빠졌다.

たばこを止め**てからというもの**、食欲が出て体の調子もよくなった。
담배를 끊고 난 후 식욕이 생기고 몸 상태도 좋아졌다.

22 ~手前 ~했기 때문에, ~한 주제라서

MP3 102

뭔가 말하거나 어떤 일을 해 버린 후 체면상 어쩔 수 없이 한다는 의미를 나타낸다. 앞부분에는 「言った(말했다)」, 「約束した(약속했다)」, 「～てしまった(~해 버렸다)」 등의 표현이 자주 오고 뒷부분은 「～わけにはいかない(~할 수는 없다)」, 「～なければならない(~하지 않으면 안 된다)」 등으로 끝나는 경우가 많다.

예 言ってしまった**手前**、やらないわけにはいかない。
말해 버렸기 때문에 하지 않을 수는 없다.

この仕事は先生に紹介していただいた**手前**、すぐには辞められない。
이 일은 선생님에게 소개받았기 때문에 바로는 그만둘 수 없다.

VOCA

だいぶ 꽤, 상당히 **たばこを止める** 담배를 끊다 **食欲が出る** 식욕이 생기다 **体の調子** 몸 상태
～ないわけにはいかない ~하지 않을 수는 없다 **辞める** 일을 그만두다

23 ~てやまない 진심으로 ~하다, ~해 마지않다

MP3 103

동사 て형에 접속해 상대방에 대한 어떤 감정을 계속해서 강하게 바라고 있을 때 사용한다. 앞에는 주로 「願(ねが)う(바라다, 기원하다)」, 「祈(いの)る(기도하다)」, 「信(しん)じる(믿다)」 등의 동사가 오며 말하는 사람의 기분을 나타내는 말이므로 3인칭 문장에는 거의 사용하지 않는 것이 특징이다.

예 二人(ふたり)の幸(しあわ)せを願(ねが)っ**てやみません**。
두 사람의 행복을 진심으로 기원해요.

これからの皆(みな)さんの活躍(かつやく)を願(ねが)っ**てやみません**。
앞으로의 여러분의 활약을 진심으로 기원해요.

24 ~と相(あい)まって ~와(과) 함께, ~와(과) 어울려

MP3 104

어떤 사항에 다른 사항이 부가되어 더욱 큰 효과를 얻을 수 있다는 의미를 나타낸다. 이 표현은 「AとB(と)が相(あい)まって」의 형태도 있고 「명사+と相(あい)まった+명사」의 형태로 쓰기도 한다. 뒷부분에는 좋은 결과와 나쁜 결과 모두 올 수 있다.

예 不況(ふきょう)**と相(あい)まって**会社員(かいしゃいん)の給料(きゅうりょう)も伸(の)び悩(なや)んでいる。
불황과 함께 회사원의 급여도 답보 상태이다.

地方(ちほう)の活性化(かっせいか)と健康(けんこう)ブーム**とが相(あい)まって**、日本(にほん)の温泉(おんせん)が注目(ちゅうもく)されている。
지역 활성화와 건강붐과 함께 일본 온천이 주목받고 있다.

VOCA
活躍(かつやく) 활약 **不況(ふきょう)** 불황 **給料(きゅうりょう)** 급료, 급여 **伸(の)び悩(なや)む** 부진하다, 답보 상태이다 **活性化(かっせいか)** 활성화
ブーム 붐, 유행

25 ~とあって ~라서, ~이기 때문에

MP3 105

어떤 특별한 상태나 상황이 원인이 되어 일어난 일에 대해 말할 때 사용한다. 이 표현은 이미 일어난 일에만 사용할 수 있으며 문어체 표현이라 일상 회화에서는 잘 사용되지 않지만 간혹 뉴스 등에서 들을 수 있다.

예 ゴールデンウィーク**とあって**、高速道路(こうそくどうろ)は渋滞(じゅうたい)している。
골든위크라서 고속도로는 정체되고 있다.

年末(ねんまつ)セール**とあって**、多(おお)くの人(ひと)がデパートに買(か)い物(もの)に来(き)ている。
연말 세일이라서 많은 사람이 백화점에 쇼핑하러 와 있다.

26 ~といい~といい ~도 그렇고 ~도 그렇고

MP3 106

명사에 접속해 어떤 사항에 대해 몇 가지 예를 들어 '~도 ~도 전부'라는 의미를 나타낸다.
뒷부분에는 「~と思(おも)う(~라고 생각한다)」, 「~が好(す)きだ(~을(를) 좋아한다)」, 「最高(さいこう)だ(최고다)」, 「素晴(すば)らしい(멋지다)」 등 말하는 사람의 주관적인 평가나 판단, 의견이 온다.

예 味(あじ)**といい**見(み)た目(め)**といい**、この料理(りょうり)は本当(ほんとう)に最高(さいこう)ですね。
맛도 그렇고 모양도 그렇고 이 요리는 정말 최고네요.

デザイン**といい**色使(いろづか)い**といい**、素晴(すば)らしい作品(さくひん)ですね。
디자인도 그렇고 색 사용도 그렇고 멋진 작품이네요.

ゴールデンウィーク 골든위크 **高速道路(こうそくどうろ)** 고속도로 **渋滞(じゅうたい)する** 정체되다 **デザイン** 디자인 **色使(いろづか)い** 색 사용

27 ~といえども ~라고 해도

MP3 107

「どんなに(아무리)」, 「いくら(아무리)」, 「たとえ(설령)」, 「いかに(아무리)」 등과 함께 사용되어 극단적인 입장에 놓인 사람이나 사물 등을 예로 들어 그로 인해 발생하는 특징이나 인상에 반대할 때 사용한다. 비슷한 의미의 표현으로는 「～とはいえ(~라고 해도)」가 있는데 「～といえども」는 주로 공식적인 자리에서 사용되는 상당히 딱딱한 표현으로 회화에서는 사용되지 않지만 「～とはいえ」는 보다 부드러운 표현으로 회화에서도 사용할 수 있는 표현이다.

예 10月**といえども**、まだまだ暑い。
10월이라고 해도 아직 덥다.

いくら子供**といえども**、今度のことは許せない。
아무리 아이라고 해도 이번 일은 용서할 수 없다.

28 ~といったらない 정말 ~하다, ~하기 짝이 없다

MP3 108

い형용사나 명사에 접속해 어떤 상태나 정도, 감정 등이 극단적임을 나타낸다. 비슷한 의미의 표현으로는 「～といったらありはしない(~하기 짝이 없다)」, 「～ったらない(~하기 짝이 없다)」가 있는데 이 두 표현은 부정적인 의미로 사용할 수 있지만 「～といったらない」는 긍정과 부정 모두 사용할 수 있다.

예 この仕事は毎日同じことの繰り返しで、つまらない**といったらない**。
이 일은 매일 같은 일의 반복으로 정말 재미없다.

となりの人はいつも大きな音で音楽を聴く。うるさい**といったらない**。
이웃 사람은 항상 큰 소리로 음악을 듣는다. 시끄럽기 짝이 없다.

まだまだ 아직(「まだ」의 강조 표현) **許す** 용서하다, 허락하다 **繰り返し** 반복
つまらない 재미없다, 지루하다 **となりの人** 이웃 사람 **うるさい** 시끄럽다, 까다롭다

29 MP3 109 ~と思(おも)いきや ~라고 생각했는데

어떠할 것이라고 생각했지만 예상과는 달라 의외라는 기분을 나타낼 때 사용한다. 이 표현은 이미 결과가 나온 것에 사용되기 때문에 「～と思(おも)いきや～した(~라고 생각했는데 ~했다)」, 「～と思(おも)いきや～だった(~라고 생각했는데 ~였다)」처럼 뒷부분에는 た형이 오는 경우가 많다. 또한 다소 가벼운 상황에서의 주관적인 기분을 나타내므로 딱딱한 문장이나 객관적으로 적혀진 신문이나 논문 등에서는 사용하지 않는다.

예 まだ勉強(べんきょう)しているだろう**と思(おも)いきや**、既(すで)に寝(ね)ていた。
아직 공부하고 있을 거라고 생각했는데 이미 자고 있었다.

今日(きょう)は一日中(いちにちじゅう)いい天気(てんき)か**と思(おも)いきや**、急(きゅう)に雨(あめ)が降(ふ)ってきた。
오늘은 하루 종일 좋은 날씨라고 생각했는데 갑자기 비가 내렸다.

30 MP3 110 ~ところを ~인데도, ~임에도 불구하고

「AところをB」의 형태로 'A라는 상황이나 때인데도'라고 말하고 싶을 때 사용하며 B에는 감사나 사과의 표현이 자주 온다. 이 표현은 「お忙(いそが)しいところを(바쁘신 중에)」, 「ご多忙(たぼう)のところを(공사다망한 중에)」처럼 관용적인 표현으로 많이 사용되며 회화에서는 조사 「を」를 생략하는 경우도 있다.

예 お忙(いそが)しい**ところを**ご出席(しゅっせき)くださり、誠(まこと)にありがとうございます。
바쁘신 중에 출석해 주셔서 정말 감사해요.

すぐにお詫(わ)びのご連絡(れんらく)をすべき**ところを**遅(おそ)くなってしまって申(もう)し訳(わけ)ございません。
바로 사죄 연락을 했어야 함에도 불구하고 늦어져 버려서 죄송합니다.

VOCA
既(すで)に 이미, 벌써 **一日中(いちにちじゅう)** 하루 종일 **急(きゅう)に** 갑자기 **誠(まこと)に** 정말 **詫(わ)び** 사죄, 사과
～べき ~해야만 하는

복습 문제 10

유형1

❶ 彼と彼女の幸せを願ってやみません。

Ⓐ 心から願います　　Ⓑ 願うしかありません

Ⓒ 願った方がいいです　　Ⓓ 願っても仕方ありません

❷ この果物は、味といい値段といい、文句の付けようがないね。

Ⓐ 味と値段によって　　Ⓑ 味はさておき、値段は

Ⓒ 味と値段にかかわらず　　Ⓓ 味も値段も全部

❸ いくら体にいいといえども、食べ過ぎたら逆に体に負担になる。

Ⓐ ゆえに　Ⓑ とはいえ　Ⓒ ものだから　Ⓓ にもまして

유형2

❹ その選手は中村コーチに(Ⓐ)出会ってからということ(Ⓑ)、見違える(Ⓒ)ほど上手になって(Ⓓ)いた。

❺ 長い(Ⓐ)連休と好天とも(Ⓑ)相まって、各地の海水浴場は人出(Ⓒ)で賑わっている(Ⓓ)。

유형3

❻ 一人ですると約束した＿＿＿＿、寝る時間を割いてでもやるしかない。

Ⓐ 手頃　Ⓑ 手当　Ⓒ 手前　Ⓓ 手先

❼ その神社は、平日の昼時＿＿＿＿参拝者はまばらだった。

Ⓐ ため　Ⓑ こととて　Ⓒ ので　Ⓓ とあって

❽ このところ、残業続きで疲れる＿＿＿＿。

Ⓐ わけにはいかない　Ⓑ といったらない　Ⓒ かねない　Ⓓ はずがない

유형4

❾ 人気の店だったので、＿＿ ＿★＿ ＿＿ ＿＿。

Ⓐ そうでも　Ⓑ なかった　Ⓒ 美味しい　Ⓓ かと思いきや

❿ ＿＿ ＿★＿ ＿＿ ＿＿、ありがとうございました。

Ⓐ お忙しい　Ⓑ いただき　Ⓒ ご来社　Ⓓ ところを

31 ~とばかり(に) ~라는 듯이, ~같이

MP3 111

주로 발화문에 접속해 '~처럼, ~같이'라는 의미로 실제로 그렇게 말하지는 않았지만 금방이라도 그렇게 말할 것 같은 모습이나 행동을 나타낼 때 사용한다. 말하는 사람 자신의 모습에는 사용하지 않으며 「ここぞとばかりに(지금이 기회라는 듯이, '이 때다' 하고)」처럼 관용표현으로 사용되기도 한다.

예 彼女は「あなたが悪い」**とばかりに**、私を睨んでいた。
그녀는 '당신이 나빠'라는 듯이 나를 노려보고 있었다.

その店の主人は「出て行け!」**とばかりに**、ドアを閉めた。
그 가게 주인은 '나가!'라는 듯이 문을 닫았다.

32 ~ともなく 특별히 ~할 생각도 없이

MP3 112

전후에 「見る(보다)」, 「眺める(바라보다)」, 「言う(말하다)」, 「聞く(듣다)」, 「待つ(기다리다)」 등의 한정된 동작동사에 접속해 특별한 목적이나 의도 없이 어떤 행위나 행동을 할 때 사용한다. 이 표현은 「どこからともなく(어디선가)」처럼 동사 이외에 의문사에도 접속이 가능하며 「~ともなしに」의 형태로 나타내기도 하지만 「~ともなく」보다 앞에 오는 동사가 좀 더 제한적이라는 차이점이 있다.

예 何を買う**ともなく**デパートの中をぶらぶらしていたら、友人に会った。
특별히 무엇을 살 생각도 없이 백화점 안을 어슬렁거리고 있다가 친구를 만났다.

テレビを見る**ともなく**見ていたら、高校時代の先生がインタビューを受けていた。
특별히 텔레비전을 볼 생각도 없이 보고 있으니 고등학교 시절 선생님이 인터뷰를 하고 있었다.

VOCA

睨む 노려보다 **ドアを閉める** 문을 닫다 **ぶらぶら** 어슬렁거리는 모양

インタビュー 인터뷰

33 ~ともなると ~정도 되면, ~쯤 되면

MP3 113

연령, 시간, 상황 등을 나타내는 명사나 동사에 접속해 그 때가 되면 어떻게 되는지를 평가할 때 사용한다. 이 표현은 「~ともなれば」로 나타내기도 하며 뒷부분에 의지나 희망을 나타내는 말은 오지 않는다는 제약이 있다. 비슷한 의미의 표현으로는 「~だけあって(~인 만큼)」가 있는데 「~ともなると」의 조사 「も」는 '~이나'라는 의미로 강조나 놀람, 감탄을 나타낼 때 사용하므로 「~だけあって」가 단순한 칭찬이라면 「~ともなると」는 강조나 감정적인 뉘앙스가 있다.

예 10月(がつ)ともなると、だいぶ涼(すず)しくなる。
10월 정도 되면 꽤 시원해진다.

三連休(さんれんきゅう)ともなると、行楽客(こうらくきゃく)でどこも混雑(こんざつ)している。
사흘 연휴 정도 되면 행락객으로 어디나 혼잡하다.

34 ~ないまでも ~까지는 아니더라도

MP3 114

동사 ない형에 접속해 '그 정도까지는 아니더라도 하다못해 이 정도는' 이라는 의미로 비교나 대조를 나타낸다. 앞부분에는 양이나 중요도가 높은 이상적인 상태나 만족할 수 있는 수준을 나타내는 표현이 오고 뒷부분에는 「少(すく)なくとも(적어도)」, 「せめて(하다못해)」 등과 같은 부사와 함께 그것보다 낮은 정도의 사항이 오는 게 일반적이다.

예 10キロとは言(い)わないまでも、5キロは痩(や)せたい。
10킬로그램까지는 아니더라도 5킬로그램은 빼고 싶다.

海外旅行(かいがいりょこう)とは言(い)わないまでも、せめて国内旅行(こくないりょこう)くらいは行(い)きたい。
해외여행까지는 아니더라도 하다못해 국내여행 정도는 가고 싶다.

➡VOCA
だいぶ 꽤, 상당히 **涼(すず)しい** 시원하다 **三連休(さんれんきゅう)** 사흘 연휴 **行楽客(こうらくきゃく)** 행락객 **混雑(こんざつ)** 혼잡
キロ 킬로그램 **痩(や)せる** 살빼다

35 ~なくして(は) ~없이(는)

MP3 115

대상이 되는 항목이 없으면 뒷일은 실현하기 어려움을 나타낸다. 주로 앞부분에는 바람직한 의미의 명사가 오며 뒷부분에는 부정적인 의미의 문장이 오는 게 일반적이다. 비슷한 의미의 표현으로는 「~なしに(は)(~없이(는))」가 있는데 이 표현은 「~なくして(は)」보다 좀 더 딱딱한 느낌이다.

예 努力**なくして**成功などあり得ない。
노력 없이 성공 따위는 있을 수 없다.

この問題の解決**なくして**会社の未来はない。
이 문제의 해결 없이 회사의 미래는 없다.

36 ~にあって ~에서, ~이어서

MP3 116

「Aにあって」의 형태로 A부분에는 강조의 대상이 되는 명사가 오며 A와 같은 특별한 사태에 직면하거나 장소에 있음을 나타낸다. 「~にあっても」의 형태가 되면 '~라는 특별한 상황임에도 불구하고'라는 의미로 역접으로 연결됨을 나타낸다. 비슷한 의미의 표현으로 「~において(~에서)」가 있는데 「~にあって」 쪽이 좀 더 딱딱한 느낌의 표현이다.

예 ITに関する知識は情報化社会**にあって**、必要不可欠な要素である。
IT에 관한 지식은 정보화 사회에서 필요 불가결한 요소이다.

彼はどんなに困難な状況**にあっても**絶対に諦めない。
그 사람은 아무리 곤란한 상황에서도 절대 포기하지 않는다.

VOCA

あり得ない 있을 수 없다 **~に関する** ~에 관한 **情報化社会** 정보화 사회 **必要不可欠** 필요 불가결
要素 요소 **困難だ** 곤란하다 **状況** 상황 **絶対に** 절대로 **諦める** 포기하다, 단념하다

37 MP3 117 ～に至って(は) ~에 이르러(서는)

「Aに至って(は)B」의 형태로 A라는 상황이 되어 비로소 B가 되거나 오랫동안 기다려 겨우 B가 됨을 나타낸다. 문장 끝부분에 올 때는 「～に至る(~에 이르다)」의 형태가 되며 「初めて(처음으로, 비로소)」, 「ようやく(겨우, 간신히)」, 「やっと(겨우, 간신히)」 등의 표현과 함께 자주 사용된다.

예 高熱が続くという事態に至って、彼女はやっと医者に行く気になった。
고열이 이어지는 사태에 이르러 그녀는 겨우 의사에게 갈 마음이 들었다.

ここまで業績が悪化するに至っては、工場の閉鎖もやむを得ないだろう。
이렇게까지 실적이 악화됨에 이르러서는 공장 폐쇄도 어쩔 수 없을 것이다.

38 MP3 118 ～にかかわる ~에 관계된

「命(목숨, 생명)」, 「生死(생사)」, 「存続(존속)」, 「名誉(명예)」 등의 명사에 접속해 '~에 관계된' 이라는 의미로 중요하게 생각하고 있는 것에 영향을 미침을 나타낸다. 파생된 표현으로는 「～にかかわらず(~에 관계없이)」, 「～にもかかわらず(~임에도 불구하고)」가 있다.

예 これは命にかかわる問題です。
이건 목숨에 관계된 문제예요.

プライバシーにかかわる問題は徹底しなければならない。
사생활에 관계된 문제는 철저하지 않으면 안 된다.

VOCA
高熱 고열 **事態** 사태 **業績** 업적, 실적 **閉鎖** 폐쇄 **やむを得ない** 어쩔 수 없다
プライバシー 프라이버시, 사생활 **徹底** 철저

39 ~にかこつけて ~을(를) 핑계로, ~을(를) 구실로

MP3 119

명사에 접속해 그것을 이유로 삼아 본래의 목적이 아닌 다른 동작이 행해짐을 나타낸다. 앞에 오는 명사는 어디까지나 표면적인 구실이나 이유이며 뒷부분에는 진짜 목적이나 다른 사람에게 알려지면 비난을 받을 만한 사항이 온다.

예 彼(かれ)は出張(しゅっちょう)**にかこつけて**観光(かんこう)を楽(たの)しんできた。
그 사람은 출장을 핑계로 관광을 즐기고 왔다.

中村君(なかむらくん)は病気(びょうき)**にかこつけて**時々学校(ときどきがっこう)を休(やす)んだ。
나카무라 군은 병을 핑계로 가끔 학교를 쉬었다.

40 ~にかたくない ~하기에 어렵지 않다

MP3 120

「想像(そうぞう)(상상)」, 「察(さっ)する(헤아리다)」, 「理解(りかい)する(이해하다)」 등 한정된 명사나 동사에 접속해 그렇게 하는 것이 어렵지 않음을 나타낸다. 이 표현은 일상 생활보다는 뉴스나 논문 등에서 사용하는 다소 딱딱한 표현이다.

예 津波(つなみ)で全(すべ)てを失(うしな)った人々(ひとびと)のショックは想像(そうぞう)**にかたくない**。
해일로 모든 것을 잃은 사람들의 충격은 상상하기에 어렵지 않다.

昔(むかし)の自分(じぶん)を思(おも)い出(だ)せば、彼(かれ)の苦労(くろう)も理解(りかい)する**にかたくない**。
옛날의 나를 떠올리면 그 사람의 고생도 이해하기에 어렵지 않다.

VOCA

時々(ときどき) 때때로, 가끔 **津波(つなみ)** 해일 **全(すべ)て** 모두, 전부 **失(うしな)う** 잃다 **ショック** 쇼크, 충격
思(おも)い出(だ)す 떠올리다 **苦労(くろう)** 고생

복습 문제 10

유형1

❶ 決勝戦で負けてしまった彼女の悔しさは想像にかたくない。

Ⓐ 簡単に想像できる　Ⓑ 想像しようがない

Ⓒ 想像せざるを得ない　Ⓓ 想像しても仕方がない

❷ いくらお金があっても健康な体なくして幸せとは言えないだろう。

Ⓐ 体はさておき　Ⓑ 体に限って

Ⓒ 体において　Ⓓ 体がなければ

유형2

❸ その国は経済成長期からあって、様々な産業が急速に発展している。
Ⓐ 成長期　Ⓑ からあって　Ⓒ 様々な　Ⓓ 発展して

❹ 彼はどこを読むとにかく雑誌のページをぱらぱらとめくっていた。
Ⓐ どこ　Ⓑ とにかく　Ⓒ ぱらぱらと　Ⓓ めくっていた

❺ 大学は将来のキャリアにかかるので、十分に考えて選んでほしい。
Ⓐ は　Ⓑ かかる　Ⓒ 十分に　Ⓓ ほしい

❻ 前田君は病気をかこつけて授業を欠席し、家でずっとゲームをしていた。
Ⓐ を　Ⓑ 欠席し　Ⓒ ずっと　Ⓓ して

유형3

❼ 娘は「入るな」＿＿＿＿＿、自分の部屋に鍵をかけてしまった。

Ⓐ ばかりを　Ⓑ ばかりに　Ⓒ ばかりか　Ⓓ とばかりに

❽ その会社は株価が下がるという事態＿＿＿＿＿、初めて事故の対応の誤りを認めた。

Ⓐ をものともせず　Ⓑ に至って　Ⓒ にもまして　Ⓓ に対して

유형4

❾ その店のサービスは ＿＿＿ ＿＿＿ ＿＿＿ ＿★＿ いいものではなかった。

Ⓐ 最悪　Ⓑ 言わない　Ⓒ とは　Ⓓ までも

❿ ＿＿＿ ＿★＿ ＿＿＿ ＿＿＿ 動いてくれなくなる。

Ⓐ 体が　Ⓑ 思うように　Ⓒ ともなると　Ⓓ この年齢

41 ~に即して ~에 따라서, ~에 입각해서

MP3 121

「規則(규칙)」, 「事実(사실)」, 「現実(현실)」 등 사실이나 규범을 나타내는 명사에 접속해 그 일이 기준이 됨을 나타낸다. 뒤에 명사가 올 때는 「～に即した+명사」의 형태가 된다.

예 法律は社会の変容**に即して**柔軟に変えるべきだ。
법률은 사회의 변용에 따라서 유연하게 바꿔야 한다.

現実**に即した**政策が実施されることを期待する。
현실에 입각한 정책이 실시되기를 기대한다.

42 ~にたえる ~할 가치가 있다, ~할 만하다

MP3 122

「読む(읽다)」, 「見る(보다)」, 「聞く(듣다)」, 「鑑賞(감상)」 등 제한된 동사나 명사에 접속해 그렇게 할 만한 가치가 있음을 나타낸다. 그렇게 할 만큼의 가치가 없다고 부정할 때는 「～にたえる+명사+ではない(~할 만한 ~은(는) 아니다)」라고 나타낸다. 참고로 「～にたえない」의 형태로 사용될 때는 의미 파악에 주의를 해야 하는데 이때는 '차마 ~할 수 없다, ~하고 있을 수 없다'라는 의미를 나타낸다.

예 このアニメ、大人でも見る**にたえる**内容だね。
이 애니메이션, 어른도 볼 가치가 있는 내용이네.

彼の書いた小説は、まだ読む**にたえる**ほどの出来ではなかった。
그 사람이 쓴 소설은 아직 읽을 만한 정도의 작품은 아니었다.

VOCA

変容 변용 **柔軟に** 유연하게 **동사 기본형+べきだ** ~해야 한다 **政策** 정책 **実施** 실시
アニメ 애니메이션(「アニメーション」의 준말) **出来** 작품

43 ~に足る ~하기에 충분한

MP3 123

어떤 것을 할 수 있거나 그것을 하기에 충분한 가치가 있는 사람이나 사물을 나타낼 때 사용한다. 아주 딱딱한 느낌의 표현으로 회화보다는 문장에서 주로 사용하며 부정의 의미로 사용하고 싶을 때는 「満足するに足る成果ではなかった(만족하기에 충분한 성과는 아니었다)」처럼 문장 끝 부분을 부정형으로 바꿔서 나타낸다.

예 **彼は信頼に足る人だから、困ったことがあったら彼に聞いてみて。**
그 사람은 신뢰하기에 충분한 사람이니까 곤란한 일이 있으면 그 사람한테 물어봐.

今回の試験は満点ではなかったものの、満足に足る結果であった。
이번 시험은 만점은 아니었지만 만족하기에 충분한 결과였다.

44 ~に(は)当たらない ~할 필요는 없다, ~할 정도는 아니다

MP3 124

감정을 나타내는 동사나 명사에 접속해 어떤 과잉된 반응에 대해 그렇게까지 할 필요가 없거나 그럴 정도가 아님을 나타낸다. 앞부분에는 보통 「~からといって(~라고 해서)」, 「~だから(~이기 때문에)」 등과 같은 원인이나 이유를 나타내는 표현이 온다. 비슷한 의미의 표현으로는 「~に(は)及ばない(~할 필요는 없다)」가 있는데 「~に(は)当たらない」는 대부분의 사람들이 인정하는 일반적인 사항에 대해 말할 때 사용하지만 「~に(は)及ばない」는 상대의 걱정이나 배려에 그렇게 하지 않아도 된다는 기분을 부드럽게 전할 때 사용한다.

예 **少しミスしたくらいで、心配には当たらない。**
조금 실수한 정도로 걱정할 필요는 없다.

結果はよくなかったが、一生懸命やったのだから非難するには当たらない。
결과는 좋지 않았지만 열심히 했으니까 비난할 정도는 아니다.

VOCA
信頼 신뢰 **困る** 곤란하다 **満点** 만점 **~ものの** ~이지만 **満足** 만족 **非難する** 비난하다

45 ~にひきかえ ~와(과)는 반대로

MP3 125

「AにひきかえB」의 형태로 A라는 사항에 대해 B와의 대비를 나타내며 불만을 말하는 경우에 자주 사용된다. 비슷한 의미의 표현으로는 「～に対して(~에 대해서, ~에 반해)」가 있는데 「この街は夜は人がたくさんいるのに対して、昼は閑散としている(이 거리는 밤에는 사람이 많이 있는 것에 반해 낮에는 한산하다)」처럼 개인적인 불만이 아니라 중립적인 입장에서 대비시키는 문장에는 「～にひきかえ」를 쓰기 힘들다.

예 **兄にひきかえ、弟は全然勉強しない。**
형과는 반대로 남동생은 전혀 공부하지 않는다.

去年の試験にひきかえ、今年のはとても簡単だった。
작년 시험과는 반대로 올해 시험은 아주 간단했다.

46 ~にもまして ~보다 더, ~이상으로

MP3 126

명사에 접속해 '~도 그렇지만 그 이상으로'라는 의미로 과거의 어느 시점과 비교해 그 때보다도 정도가 높아짐을 나타낸다. 이 표현은 항상 시간을 나타내는 말에 접속하며 좋은 일과 나쁜 일 모두 사용할 수 있다. 또한 「いつにもまして(어느 때보다도)」, 「何にもまして (무엇보다도)」, 「だれにもまして(누구보다도)」처럼 의문사에도 접속이 가능하다.

예 **山田君は最近、以前にもましてやる気に溢れている。**
야마다 군은 최근 이전보다 더 의욕이 넘쳐흐른다.

スピーチでは、聞いている人々にどう伝えるかが何にもまして重要である。
스피치에서는 듣고 있는 사람들에게 어떻게 전달할지가 무엇보다도 중요하다.

VOCA
以前 이전 **やる気** 의욕 **溢れる** 넘쳐흐르다 **スピーチ** 스피치

47 ~の至り 정말 ~함, ~의 극치

MP3 127

정도가 아주 높아 최고의 상태에 도달했음을 나타낸다. 상당히 딱딱한 표현이므로 격식을 차린 장면에서 사용되는 경우가 많다. 비슷한 의미의 표현으로는 「～の極み(~의 극치)」가 있는데 이 표현은 주로 「痛恨(통한)」, 「疲労(피로)」, 「贅沢(사치)」 등의 단어에 접속하며 이때 「～の至り」로 바꾸면 다소 위화감이 있다.

예 このような賞までいただけるとは、感激**の至り**でございます。
이와 같은 상까지 받을 수 있다니 정말 감격이에요.

このような式典に参加することができ、光栄**の至り**でございます。
이와 같은 식전에 참가할 수 있어 정말 영광이에요.

48 ～までして ~까지 해서

MP3 128

명사에 접속해 극단적인 사항을 예로 들어 최대의 희생이나 대가를 지불해 어떤 목적을 달성함을 나타낸다. 이 표현은 목적을 달성하기 위해서는 수단을 가리지 않는다는 뉘앙스가 있고 말하는 사람의 주장이나 판단, 평가 등을 나타내는 문장에서 많이 사용된다. 참고로 동사에 접속할 때는 「동사 て형+まで(~해서까지)」의 형태로 나타낸다.

예 いくらほしくても、借金**までして**買いたいとは思わない。
아무리 갖고 싶어도 빚까지 지면서 사고 싶다고는 생각하지 않는다.

家族との時間を削っ**てまで**、残業をするものではない。
가족과의 시간을 줄여서까지 야근을 하는 게 아니다.

VOCA
賞 상 **感激** 감격 **式典** 식전 **いくら～ても** 아무리 ~라도 **借金** 빚
削る 없애다, 줄이다 **～ものではない** ~인 게 아니다

49 ~めく ~다워지다, ~같다

MP3 129

「春(봄)」, 「謎(수수께끼)」, 「冗談(농담)」, 「皮肉(비꼼)」, 「説教(설교)」 등의 특정 명사에 접속해 충분하지는 않지만 그런 느낌이 든다는 것을 나타낸다. 이 표현은 동사처럼 사용하며 활용은 1그룹 동사와 같다.

예 日ごとに春**めいて**参りました。
나날이 봄다워졌어요(봄기운이 완연해요).

彼女の妙に皮肉**めいた**言い方に腹が立った。
그녀의 묘하게 비꼬는 듯한 말투에 화가 났다.

50 ~やら ~인지, ~하는지

MP3 130

'~인지 전혀 모르겠다'는 의미로 말하는 사람의 의문을 강조할 때 사용한다. 조금 예스러운 표현으로 젊은 사람들이 사용하는 경우는 거의 없으며 뒷부분에는 주로 「さっぱり分からない(전혀 모르겠다)」, 「見当もつかない(짐작도 가지 않는다)」 등의 표현이 온다.

예 息子は一体何を考えているの**やら**、さっぱり分からない。
아들은 도대체 뭘 생각하고 있는 것인지 전혀 모르겠다.

名前が書かれていないため、どれが誰の**やら**分からない。
이름이 적혀 있기 않기 때문에 어느 것이 누구의 것인지 모르겠다.

VOCA

日ごとに 나날이 **妙に** 묘하게 **腹が立つ** 화가 나다 **一体** 도대체 **さっぱり** 전혀

복습 문제 10

유형1

❶ 友人の描いた絵は、十分鑑賞にたえるものであった。

Ⓐ 鑑賞とは関係のない　Ⓑ 全然鑑賞したくない

Ⓒ 我慢して鑑賞すべき　Ⓓ 鑑賞する価値がある

❷ 昨日までの暑さにひきかえ、今日はずいぶんと涼しくなった。

Ⓐ 暑さと同じく　Ⓑ 暑さとは反対に

Ⓒ 暑さにもかかわらず　Ⓓ 暑さをものともせず

유형2

❸ 上司である中村さんは仕事もできるし、尊敬するに足らない人物である。

Ⓐ である　Ⓑ できる　Ⓒ する　Ⓓ 足らない

❹ 一応、これは全て合法なので、心配には当たります。

Ⓐ 一応　Ⓑ 全て　Ⓒ なので　Ⓓ 当たります

❺ だんだん春めくなって来ましたが、いかがお過ごしでしょうか。

Ⓐ だんだん　Ⓑ めくなって　Ⓒ いかが　Ⓓ 過ごし

유형3

❻ この学校では、規則＿＿＿＿髪は黒にしなければならない。

Ⓐ にもかかわらず　Ⓑ にあって　Ⓒ に即して　Ⓓ に反して

❼ 徹夜＿＿＿＿勉強したのに、テストの結果はよくなかった。

Ⓐ になって　Ⓑ してこそ　Ⓒ するにせよ　Ⓓ までして

❽ いい年をしてまだ一度も働いたことがないなんて、何をしているの＿＿＿＿。

Ⓐ かも　Ⓑ とは　Ⓒ のみ　Ⓓ やら

유형4

❾ このようなトラブルが起こってしまったのは、＿＿＿＿ ＿＿＿＿ ＿★＿ ＿＿＿＿。

Ⓐ の至り　Ⓑ 不徳　Ⓒ でございます　Ⓓ 全て

❿ 今年は、去年 ＿★＿ ＿＿＿＿ ＿＿＿＿ ＿＿＿＿ いる。

Ⓐ にもまして　Ⓑ 振るって　Ⓒ 猛威を　Ⓓ インフルエンザが

51 ~ゆえ(に) ~하기 때문에

MP3 131

어떤 대상이 원인이나 이유가 됨을 나타낸다. 딱딱한 문어체적인 표현으로 편지나 공식적인 자리에서 보통 사용하며 뒷부분에는 「～てください(~해 주세요)」와 같은 의지성이 있는 문장은 오지 않는다. 「～がゆえ(に)」의 형태로 사용되기도 하며 「それゆえ」, 「ゆえに」의 형태로 문장 첫 부분에 오면 '따라서'라는 의미의 접속사가 된다.

예 彼の家は貧しかった**ゆえ**、進学を諦めざるを得なかった。
그 사람의 집은 가난했기 때문에 진학을 포기하지 않을 수 없었다.

その人がミスを隠していた**がゆえに**、大きな損失を被ってしまった。
그 사람이 실수를 숨기고 있었기 때문에 큰 손실을 입어 버렸다.

52 ~をおいて ~을(를) 제외하고

MP3 132

「～をおいて～ない(いない)」의 형태로 인물이나 지역 등을 나타내는 명사에 접속해 그 대상 이외에는 따로 없음을 나타낸다. 뒷부분은 부정문으로 끝나는 경우가 대부분이지만 「これをおいて他にあるのだろうか(이것을 제외하고 그 외에 있는 걸까)」처럼 의미는 부정이지만 부정형이 아닌 형태도 올 수 있다.

この仕事は彼**をおいて**他に任せられる人がいない。
이 일은 그 사람을 제외하고 그 외에 맡길 수 있는 사람이 없다.

この問題を解決できるのは、鈴木さん**をおいて**他にいないだろう。
이 문제를 해결할 수 있는 것은 스즈키 씨를 제외하고 그 외에 없을 것이다.

VOCA

貧しい 가난하다 **諦める** 포기하다, 단념하다 **동사 ない형+ざるを得ない** ~하지 않을 수 없다
隠す 숨기다 **損失を被る** 손실을 입다 **任せる** 맡기다

53 MP3 133 ~を押(お)して ~을(를) 무릅쓰고

「病(やまい)(병)」, 「病気(びょうき)(병)」, 「怪我(けが)(부상)」, 「反対(はんたい)(반대)」 등 극히 제한적인 명사에 접속해 힘들거나 괴로운 상황임에도 그것을 신경 쓰지 않고 무리해서 뭔가를 함을 나타낸다.

예 彼(かれ)は怪我(けが)**を押(お)して**試合(しあい)に出場(しゅつじょう)した。
그 사람은 부상을 무릅쓰고 시합에 출장했다.

その俳優(はいゆう)は病気(びょうき)**を押(お)して**記者会見(きしゃかいけん)に現(あらわ)れた。
그 배우는 병을 무릅쓰고 기자회견에 나타났다.

54 MP3 134 ~を限(かぎ)りに ~을(를) 끝으로

「今日(きょう)(오늘)」, 「今月(こんげつ)(이번 달)」, 「今回(こんかい)(이번)」 등 때나 시간을 나타내는 명사에 접속해 그때를 마지막으로 계속되고 있던 것이 끝남을 나타낸다. 따라서 「×本日(ほんじつ)を限(かぎ)りに着任(ちゃくにん)する(오늘을 끝으로 부임한다)」라는 문장은 성립하지 않는다.

예 あのデパートは今回(こんかい)のセール**を限(かぎ)りに**閉店(へいてん)するという。
저 백화점은 이번 세일을 끝으로 폐점한다고 한다.

あの選手(せんしゅ)は今(こん)シーズン**を限(かぎ)りに**引退(いんたい)し、コーチになる。
저 선수는 이번 시즌을 끝으로 은퇴해 코치가 된다.

VOCA
俳優(はいゆう) 배우 **記者会見(きしゃかいけん)** 기자회견 **閉店(へいてん)する** 폐점하다 **今(こん)シーズン** 이번 시즌 **引退(いんたい)する** 은퇴하다
コーチ 코치

55 MP3 135 ~を皮切りに ~을(를) 시작으로

명사에 접속해 그것을 출발점으로 뭔가가 계속 이어짐을 나타낸다. 주로 방송이나 투어, 공연 등에 대해 말할 때 자주 사용한다.

예 あのグループは東京**を皮切りに**、全国でライブを行った。
저 그룹은 도쿄를 시작으로 전국에서 라이브를 했다.

新しいゲームは韓国での発売**を皮切りに**、世界各国で発売を予定している。
새 게임은 한국에서의 발매를 시작으로 세계 각국에서 발매를 예정하고 있다.

56 MP3 136 ~を禁じ得ない ~을(를) 금할 수 없다, ~을(를) 참을 수 없다

「同情(동정)」, 「怒り(분노)」, 「笑い(웃음)」, 「涙(눈물)」 등 감정을 나타내는 명사에 접속해 그 감정이 마음속에서 자연스럽게 생겨 의지적인 힘으로는 억제할 수 없다고 말할 때 사용하는 표현이다. 딱딱한 말투로 일상생활에서는 별로 사용하지 않는다.

예 この映画のラストシーンは涙**を禁じ得ない**。
이 영화의 마지막 장면은 눈물을 금할 수 없다.

戦争で家族を失ったという子供の話を聞いて同情**を禁じ得なかった**。
전쟁으로 가족을 잃었다는 아이의 이야기를 듣고 동정을 금할 수 없었다.

VOCA
行う 행하다, 실시하다 **発売** 발매 **ラストシーン** 마지막 장면 **戦争** 전쟁 **失う** 잃다

57 MP3 137 ~を踏まえて ~을(를) 토대로, ~을(를) 기반으로

「反省(반성)」, 「結果(결과)」, 「状況(상황)」 등 과거의 경험을 나타내는 명사에 접속해 판단의 기준이 되는 사항을 토대로 하여 생각이나 행동을 진행함을 나타낸다. 주관적이며 개인의 의사가 반영된 표현으로 일상회화보다는 주로 문장에서 많이 사용한다.

예 調べてみた結果**を踏まえて**レポートをまとめた。
조사해 본 결과를 토대로 리포트를 정리했다.

集めた資料**を踏まえて**報告書を作成してください。
모은 자료를 기반으로 보고서를 작성해 주세요.

58 MP3 138 ~をもって ~로, ~을(를) 이용해서

「本日(오늘)」, 「今回(이번)」, 「明日(내일)」 등의 명사에 접속해 그때까지 계속되고 있던 일이 끝났음을 선언할 때 사용한다. 공손하게 표현할 때는 「～をもちまして」의 형태로 나타내며 뒷부분에는 종료를 의미하는 표현이 온다. 일상회화보다는 공식적인 문서나 인사 등에서 사용하는 딱딱한 표현이다.

예 渋谷店は本日の営業**をもって**閉店いたします。
시부야점은 오늘 영업으로 폐점합니다.

これ**をもちまして**第25回卒業式を終了いたします。
이것으로 제25회 졸업식을 종료하겠습니다.

VOCA **まとめる** 정리하다 **報告書** 보고서 **本日** 오늘 **営業** 영업 **卒業式** 졸업식 **終了** 종료

59 ~を余儀(よぎ)なくされる 어쩔 수 없이 ~하게 되다

MP3 139

행위를 나타내는 명사에 접속해 어쩔 수 없이 그렇게 해야만 함을 나타낸다. 참고로 「～を余儀(よぎ)なくさせる」는 반대의 입장을 나타내는 표현으로 '어쩔 수 없이 ~하게 하다'라는 의미가 된다.

예 大型台風(おおがたたいふう)の接近(せっきん)で、旅行(りょこう)の中止(ちゅうし)**を余儀(よぎ)なくされた**。
대형 태풍의 접근으로 어쩔 수 없이 여행을 중지하게 되었다.

顧客(こきゃく)からの強(つよ)い要望(ようぼう)で、割引制度(わりびきせいど)の変更(へんこう)**を余儀(よぎ)なくされた**。
고객으로부터의 강한 요망으로 어쩔 수 없이 할인제도를 변경하게 되었다.

60 ~をよそに ~을(를) 아랑곳하지 않고

MP3 140

자신에게 관계가 있음에도 불구하고 그것을 신경 쓰지 않고 어떤 일을 함을 나타내며 뒷부분에는 보통 좋지 않은 내용이나 그 행위를 비난하는 표현이 온다. 비슷한 의미의 표현으로는 「～をものともせず(~을(를) 아랑곳하지 않고)」가 있는데 「～をよそに」는 부정적인 뉘앙스의 문장에서만 사용하지만 「～をものともせず」는 「緊張(きんちょう)をものともせず、最後(さいご)まで演奏(えんそう)しきった(긴장을 아랑곳하지 않고 마지막까지 다 연주했다)」처럼 긍정적인 내용에도 사용할 수 있다.

예 彼(かれ)は雨(あめ)の予報(よほう)**をよそに**、傘(かさ)なしで出(で)かけた。
그 사람은 비 예보를 아랑곳하지 않고 우산 없이 외출했다.

国民(こくみん)の反対(はんたい)**をよそに**、また政府(せいふ)は消費税率(しょうひぜいりつ)を上(あ)げるそうだ。
국민의 반대를 아랑곳하지 않고 또 정부는 소비세율을 올린다고 한다.

VOCA
大型(おおがた) 대형 **接近(せっきん)** 접근 **顧客(こきゃく)** 고객 **要望(ようぼう)** 요망 **割引(わりびき)** 할인 **出(で)かける** 외출하다
消費税率(しょうひぜいりつ) 소비세율 **동사 기본형+そうだ** ~라고 한다

51～60 복습하기

복습 문제 10

유형1

❶ 本日をもって国会が終了した。

Ⓐ 本日を問わず　Ⓑ 本日はもとより　Ⓒ 本日で　Ⓓ 本日だからこそ

❷ 親の心配をよそに、彼女は一人で旅立った。

Ⓐ をものともせず　Ⓑ をもって　Ⓒ もさることながら　Ⓓ とはいえ

❸ この地域は主要な駅に近いのゆえ、不動産の価値は下がりにくい。

Ⓐ 主要な　Ⓑ のゆえ　Ⓒ 価値　Ⓓ にくい

유형2

❹ いくら考えてみても、今度の仕事は優秀な彼においてできる人物がいないだろう。

Ⓐ いくら　Ⓑ 優秀な　Ⓒ において　Ⓓ いない

❺ あのグループの突然の解散には、ファンとして驚きを禁じなかった。

Ⓐ 突然の　Ⓑ には　Ⓒ として　Ⓓ 禁じなかった

❻ 集中豪雨による土砂崩れのため、多くの人が　避難所での生活を余儀なくした。

Ⓐ による　Ⓑ 多くの人　Ⓒ での　Ⓓ した

유형3

❼ その作家は病気を＿＿＿＿＿小説を書き続けた。

Ⓐ 通して　Ⓑ 押して　Ⓒ おいて　Ⓓ かわきりに

❽ 彼と彼女はその日＿＿＿＿＿二度と会わなかった。

Ⓐ おきに　Ⓑ ごとに　Ⓒ を限りに　Ⓓ うちに

유형4

❾ ＿＿＿ ＿＿＿ ＿＿＿ ＿★＿、次々と社員が辞めていった。

Ⓐ 有能であった　Ⓑ 皮切りに　Ⓒ 辞職を　Ⓓ 部長の

❿ アンケートの＿＿＿ ＿★＿ ＿＿＿ ＿＿＿見直していくつもりだ。

Ⓐ 踏まえて　Ⓑ 商品の　Ⓒ 結果を　Ⓓ デザインを

JLPT 필수 어휘 및 표현 정리 2

☐ **諦(あきら)める** 포기하다, 단념하다
☐ **呆(あき)れる** 질리다, 기가 막히다
☐ **溢(あふ)れる** 넘쳐흐르다
☐ **勢(いきお)い** 기세
☐ **一体(いったい)** 도대체
☐ **引退(いんたい)** 은퇴
☐ **失(うしな)う** 잃다
☐ **うるさい** 시끄럽다, 까다롭다
☐ **応援(おうえん)** 응원
☐ **大型(おおがた)** 대형
☐ **お礼(れい)** 답례, 사례
☐ **隠(かく)す** 숨기다
☐ **隠(かく)れる** 숨다
☐ **片付(かたづ)ける** 치우다, 정리하다
☐ **活躍(かつやく)** 활약
☐ **我慢(がまん)** 참음, 인내
☐ **感激(かんげき)** 감격
☐ **気(き)がする** 느낌이 들다, 생각이 들다
☐ **急(きゅう)に** 갑자기
☐ **気(き)を付(つ)ける** 조심하다, 주의하다

☐ **軽率(けいそつ)** 경솔
☐ **検査(けんさ)** 검사
☐ **光栄(こうえい)** 영광
☐ **高速道路(こうそくどうろ)** 고속도로
☐ **行楽客(こうらくきゃく)** 행랑객
☐ **言葉遣(ことばづか)い** 말투
☐ **困(こま)る** 곤란하다
☐ **困難(こんなん)** 곤란
☐ **削除(さくじょ)** 삭제
☐ **時給(じきゅう)** 시급
☐ **失敗(しっぱい)** 실패
☐ **借金(しゃっきん)** 빚
☐ **終了(しゅうりょう)** 종료
☐ **渋滞(じゅうたい)** 정체
☐ **柔軟(じゅうなん)に** 유연하게
☐ **消費税(しょうひぜい)** 소비세
☐ **食欲(しょくよく)が出(で)る** 식욕이 생기다
☐ **進級(しんきゅう)** 진급
☐ **信頼(しんらい)** 신뢰
☐ **涼(すず)しい** 시원하다

- ☐ 既(すで)に 이미, 벌써
- ☐ せめて 하다못해, 적어도
- ☐ 戦争(せんそう) 전쟁
- ☐ 損失(そんしつ)を被(こうむ)る 손실을 입다
- ☐ 倒(たお)れる 쓰러지다
- ☐ 立(た)ち上(あ)がる 일어나다
- ☐ 朝刊(ちょうかん) 조간
- ☐ 散(ち)らかす 어지럽히다
- ☐ 津波(つなみ) 해일
- ☐ 手当(てあて) 수당
- ☐ 徹底(てってい) 철저
- ☐ 同情(どうじょう) 동정
- ☐ 睨(にら)む 노려보다
- ☐ 盗(ぬす)む 훔치다
- ☐ 伸(の)び悩(なや)む 부진하다, 답보 상태이다
- ☐ 俳優(はいゆう) 배우
- ☐ 腹(はら)が立(た)つ 화가 나다
- ☐ 日(ひ)ごとに 나날이
- ☐ 必要不可欠(ひつようふかけつ) 필요불가결
- ☐ 非難(ひなん) 비난
- ☐ 皮肉(ひにく) 비꼼
- ☐ 不況(ふきょう) 불황
- ☐ 不景気(ふけいき) 불경기
- ☐ 物価(ぶっか) 물가
- ☐ ぶらぶら 어슬렁거리는 모양
- ☐ 無礼(ぶれい) 무례
- ☐ 閉鎖(へいさ) 폐쇄
- ☐ 閉店(へいてん) 폐점
- ☐ 変容(へんよう) 변용
- ☐ 報告(ほうこく) 보고
- ☐ 褒(ほ)める 칭찬하다
- ☐ 任(まか)せる 맡기다
- ☐ 負(ま)ける 지다, 패하다
- ☐ 貧(まず)しい 가난하다
- ☐ 妙(みょう)に 묘하게
- ☐ 猛烈(もうれつ) 맹렬
- ☐ 辞(や)める 일을 그만두다
- ☐ やる気(き) 의욕
- ☐ 要素(ようそ) 요소
- ☐ 詫(わ)び 사과, 사죄

CHAPTER

3

실제 시험 대비하기

loading...

실제 JLPT 문법, JPT 독해 시험과 똑같은 실전 모의고사를 미리 풀어보자!

JLPT N2 문법

- 문제 7 문법형식 판단 (12문항)
- 문제 8 문장 만들기 (5문항)
- 문제 9 글의 문법 (5문항)

JLPT N1 문법

- 문제 5 문법형식 판단 (10문항)
- 문제 6 문장 만들기 (5문항)
- 문제 7 글의 문법 (5문항)

JPT 독해

- PART 5 정답 찾기 (20문항)
- PART 6 오문 정정 (20문항)
- PART 7 공란 메우기 (30문항)
- PART 8 독해 (30문항)

실제 출제되고 있는 JLPT 시험의 문법 유형, 그리고 JPT 시험의 독해 유형과 유사한 모의고사이다. 지금껏 배웠던 내용을 상기해 보며 최종 복습을 해 보도록 하자. 출제되고 있는 시험 문제 유형에 익숙해질 수 있도록 실제로 시험을 보는 것처럼 임해보고, 부족한 부분이 어떤 부분인지 확실하게 알아보는데 중점을 두자.

問題 7 次の文の（　）に入れるのに最もよいものを、1・2・3・4から一つ選びなさい。

1 彼ときたら、全然仕事をしない（　）、会社の文句ばかり言う。
① 抜きで
② からして
③ と共に
④ くせに

2 人身事故があった（　）で、今、前の駅で電車が止まっている。
① ので
② とか
③ まで
④ とは

3 彼の部屋に遊びに行ったら、部屋はほこり（　）だった。
① がち
② 気味
③ だらけ
④ っぽい

4 彼女は美しいというよりは（　）かわいい。
① むしろ
② まさか
③ かりに
④ たとえ

5 健康のためには、タバコは吸わないに（　）ことはない。
① 越す
② 越した
③ 越える
④ 越えた

6 何日も検討した（　）出した結論なので、後悔はない。
① すえに
② まえに
③ ところで
④ とおりに

7 空港で彼女の顔を（　）とたん、涙が溢れ出てきた。
① 見
② 見る
③ 見て
④ 見た

8 試験のために二日も徹夜したので、眠くて（　）。
① こない
② しない
③ いかない
④ ならない

9 高層マンションの建設（　）、争いが起きている。
① 上で
② ばかりに
③ をめぐって
④ につけ

10 強い台風の影響で飛行機も電車も動かず、（　）ようがない。
① 行く
② 行き
③ 行って
④ 行こう

11 本日は先ほどお配りした資料の内容（　）、発表いたします。
① はもとより
② にかけては
③ に沿って
④ にあたって

12 一日に4時間しか寝ないで勉強したのだから、合格（　）。
① する一方だ
② するわけがない
③ するとは限らない
④ するに決まっている

問題 8 次の文の ＿★＿ に入れる最もよいものを、1・2・3・4から一つ選びなさい。

1 彼女は ＿＿ ＿＿ ＿＿ ＿★＿ 、結局何も買わなかった。

① デパートで
② さんざん
③ 迷った
④ あげく

2 ＿＿ ＿＿ ＿★＿ ＿＿ 、何も答えられません。

① 聞いてから
② その問題は
③ 社長に
④ でないと

3 今回の取引がうまくいったのは、 ＿＿ ＿＿ ＿＿ ＿★＿ 。

① あったから
② 全て上司の
③ にほかならない
④ サポートが

4 ＿＿ ＿★＿ 、 ＿＿ ＿＿ 毎日が続いている。

① 以来
② 仕事と家事に
③ 結婚して
④ 追われる

5 観客は ＿＿ ＿★＿ ＿＿ ＿＿ 、映画館を出た。

① 終わったか
② 映画が
③ 終わらない
④ かのうちに

問題９ 次の文章を読んで、文章全体の内容を考えて、 1 から 5 の中に入る最もよいものを、1・2・3・4から一つ選びなさい。

大学受験で志望校の受験を断念した。センター試験で思うように点数が取れず、弱気になり、受験校を変更した。進学後、 1 心のどこかでもやもやが残っていた。原因を考えてみると、挑戦しなかったことへの後悔だと気付いた。失敗を恐れて成功する可能性が高い方へ逃げてしまう自分の弱さを克服したいと考え、大学生活を楽しむ 2 、介護福祉士試験合格を目指して勉強に励んだ。結果は惜しくも不合格だったが、 3 。なぜなら、 4 成功するまで頑張れば良いからだ。そのための粘り強さを私は持っている。今では 5 がむしろ失敗だと考え、今後も積極的に挑戦していくつもりでいる。

1

① 楽しく生活しつつも
② 嬉しさのあまり
③ 憂うつな日々を送りつつも
④ なかなか大学生活に馴染めない反面

2

① 一方で　② 限り
③ からといって　④ に従って

3

① 落ちてよかったと思う
② 決して失敗だとは思っていない
③ もう挑戦するのを諦めることにした
④ 失敗するのが当たり前だと思った

4

① 目標からして　② 目標に反して
③ 目標次第では　④ 目標を決めたからには

5

① 何でも挑戦すること
② 成功する可能性を考えること
③ 失敗を恐れて可能性を捨てること
④ 自分の限界をはっきり認識すること

問題 5 次の文の（　）に入れるのに最もよいものを、1・2・3・4から一つ選びなさい。

1 ゴールデンウィーク（　）、どの店も朝から混んでいた。
① として
② とあって
③ にあって
④ にして

2 交通ルール違反者は、法律（　）処罰される。
① に即して
② までして
③ にもまして
④ にひきかえ

3 皆様にご報告（　）お知らせ申し上げます。
① 手前
② ゆえに
③ の至り
④ かたがた

4 どんなに走って行った（　）、絶対に間に合わないだろう。
① ところで
② ともなると
③ ともなく
④ にかこつけて

5 親は自分の子供の将来を期待して（　）ものである。
① いかない
② なれない
③ やまない
④ たまれない

6 彼は何をやっても長続きしない。英語の勉強も10分で居眠りを始める（　）。

① 最後だ
② 最初だ
③ 始末だ
④ 始終だ

7 彼は相当疲れたのか、ベッドに入る（　）すぐ寝付いてしまった。

① が早いか
② かいもなく
③ ともなると
④ なくして

8 その歌手のコンサートは東京（　）、全国15都市を回ることになっている。

① をおいて
② を押して
③ を踏まえて
④ を皮切りに

9 彼の実力からいって、その試験に合格しても驚くには（　）。

① のぞみません
② たまりません
③ あたりません
④ きわまりません

10 未成年（　）、罪を犯したのであれば罰を与えるべきだ。

① あっての
② といえども
③ をもって
④ いかんでは

問題 6 次の文の ★ に入れる最もよいものを、1・2・3・4から一つ選びなさい。

1 ＿＿ ＿＿ ★ ＿＿、ご飯も食べずに没頭してしまう。
① ときたら
② ゲームを始めたが
③ うちの子
④ 最後

2 ＿＿ ★ ＿＿ ＿＿、インスタント食品ばかり食べている。
① 始めてから
② という
③ もの
④ 一人暮らしを

3 増税が国民にとって ＿＿ ＿＿ ＿＿ ★ 。
① 大きな負担に
② 理解に
③ かたくない
④ なることは

4 うちの息子は ＿＿ ★ ＿＿ ＿＿。
① 洗濯した
② そばから
③ 服を汚すので
④ 大変だ

5 大型台風の接近で、＿＿ ＿＿ ＿＿ ★ 。
① 旅行の
② された
③ 中止を
④ 余儀なく

問題7 次の文章を読んで、文章全体の内容を考えて、 1 から 5 の中に入る最もよいものを、1・2・3・4から一つ選びなさい。

洋服から自動車、建設資材に至るまで、プラスチックは私たちの生活のあらゆる場面で利用されていると言っても 1 。しかし、プラスチックの多くは「使い捨て」されており、利用後、きちんと処理されず、環境中に流出してしまうことも少なくない。要するに、手軽に 2-a 分、手軽に 2-b しまう 3 のである。そして環境中に流出したプラスチックのほとんどが最終的に行き着く場所が海である。こうした大量のプラスチックごみは、既に海の生態系に甚大な影響を与えており、このままでは今後 4 。一度放出されたプラスチックごみは容易には自然分解されず、多くが数百年以上もの間、残り続けるという。多くのプラスチック製品を生産、消費している日本も、この問題と無関係ではない。国際的にも大きな責任を持つ国の一つとして、この海洋プラスチック問題の解決に向けて 5 必要がある。

1

① 過言ではない
② おおげさな話である
③ 大きな反発を招くに違いない
④ 決して事実ではないだろう

2

① a 売れる / b 買えて
② a 使える / b 捨てられて
③ a 作れる / b 売られて
④ a 使える / b もらわれて

3

① にたえる
② きらいがある
③ きわまりない
④ といったらない

4

① 悪化するとは限らない
② ますます悪化していくことになる
③ 徐々に改善されていくことになる
④ 改善される可能性が高いと言える

5

① 早急に対応していく
② 資源開発に力を注ぐ
③ 経済の規模を拡大する
④ プラスチックの生産量を増やす

V. 下の＿＿＿線の言葉の正しい表現、または同じ意味のはたらきをしている言葉を(A)から(D)の中で一つ選びなさい。

101 うちの家は駅からちょっと遠くて不便です。
Ⓐ ふひん
Ⓑ ふびん
Ⓒ ふへん
Ⓓ ふべん

102 その件は、今日中にお返事をするつもりです。
Ⓐ へんじ
Ⓑ かえし
Ⓒ こたえ
Ⓓ かいわ

103 このサイトには様々な求人情報が載っている。
Ⓐ きゅじん
Ⓑ きゅうじん
Ⓒ きゅにん
Ⓓ きゅうにん

104 お釣りを被災地の人々のために寄付した。
Ⓐ きふ
Ⓑ きっぷ
Ⓒ かぶ
Ⓓ こぶ

105 彼女は由緒ある家柄の出身である。
Ⓐ ゆしょ
Ⓑ ゆうしょ
Ⓒ ゆいしょ
Ⓓ ゆうしょう

106 この秘密が漏れる可能性はとても低い。
Ⓐ もれる
Ⓑ くれる
Ⓒ たおれる
Ⓓ おくれる

107 もともとアジア諸国の人々は穀物の摂取が多かった。
Ⓐ こくもの
Ⓑ こくぶつ
Ⓒ こくもつ
Ⓓ かくぶつ

108 彼女はアナウンサーようせい学校で教えている。
Ⓐ 要請
Ⓑ 養成
Ⓒ 陽性
Ⓓ 養育

109 このレポートはこうせいがよくできている。
Ⓐ 更正
Ⓑ 構成
Ⓒ 厚生
Ⓓ 後生

110 今日は昼が一年で一番長いげしだ。
Ⓐ 夏至
Ⓑ 夏地
Ⓒ 夏支
Ⓓ 夏止

111 **会社までは電車で通勤しています。**
Ⓐ 通っています
Ⓑ 行ったことがあります
Ⓒ よくします
Ⓓ 持っています

112 **中村先生はお見えになりましたか。**
Ⓐ まいりましたか
Ⓑ おっしゃいましたか
Ⓒ お越しになりましたか
Ⓓ なさいましたか

113 **その問題は私の一存では答えかねます。**
Ⓐ 答えられません
Ⓑ 答えます
Ⓒ 答えたいです
Ⓓ 答えるに相違ありません

114 **昨日、偶然高校時代の同級生に会った。**
Ⓐ 必ずしも
Ⓑ たまたま
Ⓒ たっぷり
Ⓓ ただちに

115 **田舎の空には夥しい数の星が光っていた。**
Ⓐ 数少ない
Ⓑ 無数の
Ⓒ 思ったより多い
Ⓓ 数えてはならない

116 **梅雨入りで湿度の高い日々が続いている。**
Ⓐ からからした
Ⓑ おどおどした
Ⓒ じめじめした
Ⓓ のろのろした

117 **この周辺にも新しい家がたくさんできた。**
Ⓐ 急用ができて映画を見に行けなくなってしまった。
Ⓑ 一人で十分できると言ったくせに、この始末だ。
Ⓒ 山田君は勉強ができるし、ユーモアもあって生徒の間で人気がある。
Ⓓ あの建物は壁が木でできていて、なかなか趣がある。

118 **私も彼のように日本語が上手になりたい。**
Ⓐ 空に浮かんでいる雲は、まるで綿のように見えた。
Ⓑ 彼に明日は7時までに来るようにと伝えてください。
Ⓒ 体操のように採点を待つ種目は好きではない。
Ⓓ 夜、湖に映る月は、絵のように美しかった。

119 **いつもながらのお心遣い、ありがとうございます。**
Ⓐ ここには昔ながらの家並みがまだたくさん残っています。
Ⓑ 父はいつもテレビを見ながら晩ご飯を食べます。
Ⓒ 傷付くと分かっていながら、つい言ってしまいました。
Ⓓ 残念ながら、そのような主張には賛成しかねます。

120 **この地域の空き巣もいずれ足が付いて捕まるだろう。**
Ⓐ いずれが勝っても私とは関係ない。
Ⓑ 今回の彼の作品はいずれも見事なものばかりだ。
Ⓒ いずれの場合にも私たちが不利なのは確かだ。
Ⓓ こんなに不景気が続いては、あの会社もいずれ潰れてしまうだろう。

VI. 下の＿＿＿線のA, B, C, Dの中で正しくない言葉を一つ選びなさい。

121 昨日は朝からとても寒いでしたから、一日中家にいました。
Ⓐ Ⓑ Ⓒ Ⓓ

122 今朝、エアコンを閉めるのを忘れて家を出てしまったような気がする。
Ⓐ Ⓑ Ⓒ Ⓓ

123 このカードがないと施設を利用できないので、あいにく なくさないでください。
Ⓐ Ⓑ Ⓒ Ⓓ

124 私はいつも朝起きてシャワーを浴びんでから朝ご飯の支度をしています。
Ⓐ Ⓑ Ⓒ Ⓓ

125 蚊に刺されたところがかゆかったのでかったら、もっとかゆくなってしまった。
Ⓐ Ⓑ Ⓒ Ⓓ

126 司法試験に受かるには、一日に少ないとも10時間以上は勉強すべきだと思う。
Ⓐ Ⓑ Ⓒ Ⓓ

127 こんないい加減な主張で、相手に納得させられるわけにはないだろう。
Ⓐ Ⓑ Ⓒ Ⓓ

128 新しいプロジェクトのために毎日残業続きで、飲み会限りではなかった。
Ⓐ Ⓑ Ⓒ Ⓓ

129 レギュラーメンバーの相次ぐ負傷で、私も出場しざるを得ない 立場になってしまった。
Ⓐ Ⓑ Ⓒ Ⓓ

130 最近、体の都合がどうも 優れないので明日病院に行ってみるつもりです。
Ⓐ Ⓑ Ⓒ Ⓓ

131 このサービスをご利用の方は、午後3時までにご精算してください。
Ⓐ Ⓑ Ⓒ Ⓓ

132 こちらの商品は、長年に従って研究を重ねた結果、生み出された商品でございます。
Ⓐ Ⓑ Ⓒ Ⓓ

133 10年ぶりの同窓会開催の葉書を送ったが、残念ながら半数はありのつぶてであった。
Ⓐ Ⓑ Ⓒ Ⓓ

134 幼い間は、夜一人で外に出るのが怖くて、家でテレビを見ながら過ごすことが多かった。
Ⓐ Ⓑ Ⓒ Ⓓ

135 その国の民族紛争は容易に解決っぽいと思うが、平和的解決への努力が必要である。
Ⓐ Ⓑ Ⓒ Ⓓ

136 彼は著者として本を書くかたわらに、週末にはボランティア活動もしているという。
Ⓐ Ⓑ Ⓒ Ⓓ

137 これは最近、若い人たちの間で注目の先となっている商品である。
Ⓐ Ⓑ Ⓒ Ⓓ

138 時間よりも早く着いてしまい、所在あるのをごまかすために、会場の周りをうろうろした。
Ⓐ Ⓑ Ⓒ Ⓓ

139 たとえ思い通りにならないことであれ、くねくねせず前向きに考えることが大切である。
Ⓐ Ⓑ Ⓒ Ⓓ

140 彼の横柄な態度がどうにも腹に据えかねなくて一言言わずにはいられなかった。
Ⓐ Ⓑ Ⓒ Ⓓ

VII. 下の_____線に入る適当な言葉を(A)から(D)の中で一つ選びなさい。

141 あの素敵な車はあなた_____ですか。
Ⓐ の
Ⓑ もの
Ⓒ こと
Ⓓ ところ

142 私は週_____1回ピアノを習いに行っています。
Ⓐ で
Ⓑ に
Ⓒ を
Ⓓ の

143 いい大学に合格して、母_____喜ばせたい。
Ⓐ に
Ⓑ で
Ⓒ が
Ⓓ を

144 私は辛いものが_____です。
Ⓐ きらい
Ⓑ きらいに
Ⓒ きらいだ
Ⓓ きらいで

145 週末には友達とテニスを_____こともあります。
Ⓐ する
Ⓑ 打つ
Ⓒ 返す
Ⓓ 叩く

146 旅行に_____つもりで、そのお金は貯金することにした。
Ⓐ 行って
Ⓑ 行き
Ⓒ 行った
Ⓓ 行こう

147 まだ必要だから、これは_____ください。

Ⓐ 拾わないで

Ⓑ 買わないで

Ⓒ 洗わないで

Ⓓ 捨てないで

148 一人でこの仕事を全部抱え込むなんて、それは_____ですよ。

Ⓐ セオリー

Ⓑ トラウマ

Ⓒ アクセサリー

Ⓓ ナンセンス

149 授業中に_____先生に叱られてしまった。

Ⓐ まって

Ⓑ かいて

Ⓒ ふるって

Ⓓ さわいで

150 隠したい秘密ほど、すぐ知られてしまう_____だ。

Ⓐ もの

Ⓑ ほど

Ⓒ ごろ

Ⓓ ぐらい

151 _____社長と直接話す機会があったが、緊張してろくに話せなかった。

Ⓐ せっかく

Ⓑ ひじょうに

Ⓒ おおざっぱに

Ⓓ しきりに

152 彼とは卒業_____きり、一度も会っていない。

Ⓐ する

Ⓑ して

Ⓒ した

Ⓓ しよう

153 昔、仕事は楽なら_____ほどいいと思っていた。
Ⓐ楽
Ⓑ楽な
Ⓒ楽だ
Ⓓ楽で

154 その子供は、もう二度とやらないと親に_____。
Ⓐ踏まえた
Ⓑ供えた
Ⓒ誓った
Ⓓ司った

155 最近、仕事が_____いて全然休めない。
Ⓐはまって
Ⓑへって
Ⓒいきどおって
Ⓓたまって

156 何か事故でもあったのか、朝から外がとても_____。
Ⓐなまなましい
Ⓑじれったい
Ⓒさわがしい
Ⓓまちどおしい

157 最近、うちの会社はこの技術の実用化に力を_____いる。
Ⓐ直して
Ⓑ注いで
Ⓒ売って
Ⓓ降って

158 勤務時間に雑談ばかりしていないで、_____仕事をしなさい。
Ⓐうんと
Ⓑめっきり
Ⓒさっさと
Ⓓくっきり

159 近頃、リサイクル運動が注目を_____いる。
Ⓐ 湧かして
Ⓑ 持って
Ⓒ 浴びて
Ⓓ 溢れて

160 最近、日本でも_____依存から抜け出そうとしている会社が多い。
Ⓐ 経緯
Ⓑ 分業
Ⓒ 慢心
Ⓓ 学歴

161 長時間の強行軍で疲れ果てた彼は、_____倒れてしまった。
Ⓐ 遂には
Ⓑ 立ち所に
Ⓒ ともかく
Ⓓ 何なりと

162 強いて言えば、この本は子供_____である。
Ⓐ 向け
Ⓑ 向かい
Ⓒ 偏り
Ⓓ 迎え

163 彼女は突然のにわか雨で、_____濡れていた。
Ⓐ すんなり
Ⓑ びっしょり
Ⓒ ちゃっかり
Ⓓ きっかり

164 残念ながら、当店でそのような商品は_____おりません。
Ⓐ 取り扱って
Ⓑ 取り組んで
Ⓒ 取り替えて
Ⓓ 取り次いで

165 この話は＿＿＿だから、次回の討論の議題として適当だろう。
Ⓐ タイムリー
Ⓑ ジレンマ
Ⓒ アナウンス
Ⓓ ストラテジー

166 今彼に必要なのは、どんなことが起きても動じない＿＿＿であろう。
Ⓐ 待ち伏せ
Ⓑ 心構え
Ⓒ 会釈
Ⓓ 会得

167 ＿＿＿はいつでもいいから、私に連絡してください。
Ⓐ いざという時
Ⓑ 今時
Ⓒ かわたれ時
Ⓓ 潮時

168 私には何かあると、すぐに駆け付けてくれる彼氏がいて本当に＿＿＿。
Ⓐ 名残惜しい
Ⓑ 蒸し暑い
Ⓒ 心強い
Ⓓ 用心深い

169 正直なところ、私は年金に関しては＿＿＿である。
Ⓐ 仲人
Ⓑ 素人
Ⓒ 助っ人
Ⓓ 狩人

170 気が進まなかったが、部長の頼みとあって＿＿＿お見合いをした。
Ⓐ ぱちぱち
Ⓑ しぶしぶ
Ⓒ どろどろ
Ⓓ がりがり

Ⅷ. 下の文を読んで、後の問いにもっとも適当な答えを(A)から(D)の中で一つ選びなさい。

(171~174)

幼稚園の頃から毎年、夏休みには家族で海水浴に行きました。海水浴場がある海まではいつも父の車で行きました。水や砂がとてもきれいな海でした。海水浴場までは3時間もかかりましたが、そこはあまり知られていなかったようで、人が少なくてゆっくりすることができました。私は毎年父が休みを取ってくれて、家族6人で海に行けたことがとても嬉しかったです。しかし、中学生になってからは家族の予定がだんだん合わなくなってきて、いつの間にか全員で行くことがなくなってしまい、少し残念でした。あれから10年以上経ち、私もお母さんになりました。まだ息子が生まれて4カ月しか経っていませんが、これから夫と私、そして息子の3人で毎年海水浴に行って、良い思い出をいっぱい作りたいです。

171 この人は海水浴場がある海までどうやって行きましたか。

Ⓐ バスで行った。
Ⓑ 電車で行った。
Ⓒ 母の車で行った。
Ⓓ 父の車で行った。

172 この人が行った海水浴場はどうでしたか。

Ⓐ 寒くて入ることができなかった。
Ⓑ 水や砂があまりきれいではなかった。
Ⓒ 人が少なくてゆっくりすることができた。
Ⓓ 人が多くてあまり楽しむことができなかった。

173 この人は何がちょっと残念だったと言っていますか。

Ⓐ 海水浴場が少なくなってしまったこと
Ⓑ もう父の車で行けなくなってしまったこと
Ⓒ 家族全員で海水浴に行くことがなくなってしまったこと
Ⓓ いつも海水浴場まで行くのに時間がかかりすぎてしまったこと

174 この人はこれから何がしたいと言っていますか。

Ⓐ 海水浴以外の楽しみを作りたい。
Ⓑ 夏休みに色々なところを旅行してみたい。
Ⓒ もう一度昔行った海水浴場に行ってみたい。
Ⓓ 毎年家族3人で海水浴に行って、良い思い出をいっぱい作りたい。

(175~177)

つい最近、私は友達と喧嘩をしてしまった。その喧嘩の理由はとてもささいなことで、私と山田君、中村君三人グループでいつも仲良くしていたのだが、私と山田君が仲良くなりすぎて、中村君が一人ぼっちになってしまったのだ。

世間では「喧嘩はよくないものだ」と言う人も多いが、私はたまには喧嘩もいいと思う。なぜなら、喧嘩をすることで、お互いのことがよく分かり合えるようになるからだ。喧嘩した中村君と仲直りした後は、彼がどのようなことを考えているかが前よりもよく分かり、更に友情が深まったような気がした。「一人の敵も作らぬ人は、一人の友も作れない」という名言のように、喧嘩というものは、いい友達を作る上である程度は必要だと思う。

175 この人が友達と喧嘩をしてしまった理由は何でしたか。

Ⓐ 二人の友達と意見が合わなかったから
Ⓑ 友達の一人が一人ぼっちになってしまったから
Ⓒ グループの中で自分が一人ぼっちになってしまったから
Ⓓ 最近、忙しくなって友達と一緒に遊ぶことができなかったから

176 この人がたまには喧嘩もいいと思っている理由は何ですか。

Ⓐ 一人だけの時間を持つことができるから
Ⓑ 他の新しい友達ができるかもしれないから
Ⓒ 喧嘩を通じてお互いのことがよく分かり合えるようになるから
Ⓓ 普段はあまり気にしていなかった家族の大切さが分かるようになるから

177 この人は喧嘩についてどう思っていますか。

Ⓐ 友情を深めるのに何も役に立たない。
Ⓑ いい友達を作るために、ある程度は必要だ。
Ⓒ 今の自分では、喧嘩の良し悪しの判断はできない。
Ⓓ どんな理由があっても、絶対にしてはいけない悪いことだ。

(178~180)

訪日外国人が年々増加している現状は知っていても、具体的にどのようなメリットがあるのかについて理解している人は少ないようである。日本国民の消費量は今後どんどん低下すると見られており、そんな状況下で日本経済の基盤となり得るのが(1)_____。また、訪日外国人観光客の増加は経済効果や金銭的消費だけでなく、地域活性化にも繋がる。最後に、訪日外国人観光客の増加は国際交流の機会にもなる。このように訪日外国人観光客の増加には多くのメリットがある一方で、観光公害に代表されるデメリットも存在する。従って、訪日外国人が快適な旅を楽しむための環境を整えることに加え、予想を上回る人数が訪れた場合にオーバーツーリズムによる観光公害が発生しない受け入れ体制を整えることも重要であると言える。

178 **本文の内容から見て、(1)_____に入る最も適当な文章はどれですか。**

Ⓐ 消費税増税である
Ⓑ 訪日外国人観光客のインバウンド消費である
Ⓒ 地方の中小企業への国からの支援である
Ⓓ 地域に住む一人一人の観光に対する理解である

179 **訪日外国人観光客が増加することによるメリットとして、本文に出ていないものはどれですか。**

Ⓐ 経済効果
Ⓑ 国際交流
Ⓒ 地域活性化
Ⓓ 少子高齢化の防止

180 **訪日外国人観光客が増加することによるデメリットとして、本文に出ているものはどれですか。**

Ⓐ 観光公害
Ⓑ 日本伝統文化の衰退
Ⓒ 他国消費財の輸入拡大
Ⓓ 観光の特定地域への偏り

(181~184)

我々日本人が日々食べている和食と洋食にはどのような特徴があるのだろうか。今日は、それぞれの魅力について少し紹介したい。まずは、和食の魅力についてである。和食は多様で新鮮な食材と色鮮やかな見た目、栄養バランスに優れた健康的な食事などが特徴として挙げられる。また和食は、子供からお年寄りまで幅広く楽しめるものであり、肉、魚、大豆、野菜など多彩な食材を味わえる。次は洋食であるが、昔は朝食にパンやスープは考えられなかったと思うが、今では多くの人がご飯よりもパンを食べている。また、洋食が入ってきたことにより、食文化も非常に多彩になった。その証拠に、晩ご飯のおかずにハンバーグやエビフライ、スパゲッティが食卓に並ぶ機会も多い。洋食も和食と同様、あらゆる年齢層が幅広く楽しむことができるものであるが、健康という面で考えれば和食の方が(1)_____かもしれない。

181 **本文に出ている和食の特徴ではないものはどれですか。**

Ⓐ 見た目が色鮮やかである。
Ⓑ 栄養バランスに優れている。
Ⓒ 主にカロリーの少ない食材を使う。
Ⓓ 種類が多様で新鮮な食材を使う。

182 **洋食が日本の食文化にもたらした影響として、本文に出ているものは何ですか。**

Ⓐ 栄養に気を使うようになった。
Ⓑ 食事を抜くことが少なくなった。
Ⓒ 食文化が非常に多彩になった。
Ⓓ 低価格の食事を楽しめるようになった。

183 **この人が和食と洋食の共通点として、本文で挙げていることは何ですか。**

Ⓐ 新鮮な食材を使うこと
Ⓑ 年齢に関係なく楽しめること
Ⓒ 健康面を最優先すること
Ⓓ 味においては甲乙付けがたいこと

184 **本文の内容から見て、(1)_____に入る最も適当な表現はどれですか。**

Ⓐ 頭打ち
Ⓑ 高嶺の花
Ⓒ 一枚上手
Ⓓ 泣き寝入り

(185~188)

日本は、全国でおよそ500万台の自動販売機が設置されている「自販機大国」である。日本でそこまで自販機が普及した理由として治安の良さ、自販機の横に置かれているゴミ箱、人口密度の高さ、科学技術の進化などがある。勿論、日本のみならず、海外にも自販機はたくさん存在するが、日本と海外の自販機の違いとしてまず挙げられるのが、外に設置されている自販機の台数である。日本には路上の至るところにある自販機も、海外では学校や駅の中などが多く、(1)＿＿＿。これはやはり、前述したような日本の治安の良さがあってのことであると思う。また、日本では温かい飲み物と冷たい飲み物が同じ自販機で購入できるが、海外ではそれぞれ別の自販機で売っているのが通常である。決済方法にも多少の違いがある。日本では現金や電子マネーでの決済が主だが、アメリカの場合はそれに加えて、クレジットカードでも支払いが可能である。

185 **日本で自販機が普及した理由として、本文に出ていないものはどれですか。**

Ⓐ 人口密度の高さ
Ⓑ 科学技術の進化
Ⓒ 海外の自販機より値段が安い。
Ⓓ 自販機の横にゴミ箱が置かれている。

186 **本文の内容から見て、(1)＿＿＿に入る最も適当な文章はどれですか。**

Ⓐ 路上での設置も増えつつある
Ⓑ 故障している自販機が非常に多い
Ⓒ 路上での設置問題で揉めているところが多い
Ⓓ 路上にたくさん設置されているような国は稀である

187 **この人は日本で外に設置されている自販機の台数が多い理由を何だと思っていますか。**

Ⓐ 治安がいいから
Ⓑ 人口密度が高いから
Ⓒ 科学技術の進化が速いから
Ⓓ 自販機の横にゴミ箱が置かれているから

188 **日本と海外の自販機との違いとして、本文に出ていないものはどれですか。**

Ⓐ 支払い方法
Ⓑ 販売する商品の数
Ⓒ 路上に設置されている台数
Ⓓ 暖かい飲み物と冷たい飲み物が同じ自販機で販売されているか否か

(189~192)

日本に100万人も存在すると言われる引きこもり。この数字は、引きこもりが家族だけの問題ではなく、社会問題であることを示している。では、どのような原因やきっかけで引きこもりが始まってしまうのだろうか。内閣府の調査によると、中高年の引きこもりの場合は、退職などで職場から離れた時に引きこもりになってしまう人が多数派であるという。(1)_____、若年層の場合は「職場に馴染めなかった」、「病気」、「就職活動がうまくいかなかった」、「不登校」などがあったが、「職場に馴染めなかった」と「病気」が同率トップになっている。引きこもりを性別で見ると、男性が76.6%で、極端に多いことが分かる。また、年齢層は40代前半と60代前半でおよそ半数を占めているという。そもそも、なぜ引きこもりが問題視されるのだろうか。まず、引きこもっている本人の学習や友人とのコミュニケーションなどの様々な経験の機会が喪失されてしまう。そして、親への過度な生計の依存は、家庭にとって大きな問題となってくる。最後に、家に引きこもることによって勤労・納税がなされないことによる社会に対する問題点が生じ得る。

189 本文の内容から見て、中高年の引きこもりの最も大きな原因は何ですか。

Ⓐ 退職
Ⓑ 病気
Ⓒ 妊娠
Ⓓ 人間関係

190 本文の内容から見て、(1)_____に入る最も適当な言葉はどれですか。

Ⓐ 一方
Ⓑ しかし
Ⓒ あるいは
Ⓓ それでも

191 本文の内容から見て、引きこもりである本人にとっての問題点は何ですか。

Ⓐ 国民の義務の放棄
Ⓑ 学習など機会の喪失
Ⓒ 家族への過度な依存
Ⓓ うつやパニック障害など、予期せぬ病気

192 本文の内容と合っていないものはどれですか。

Ⓐ 引きこもりは女性より男性に極端に多い。
Ⓑ 引きこもりの年齢別の比率は、中高年になるにつれて下がっていく。
Ⓒ 引きこもり問題は家族だけの問題ではなく、社会問題でもあると言える。
Ⓓ 中高年の引きこもりの場合は、離職がきっかけで引きこもりになる人が多い。

(193~196)

最近、ペットの高齢化が進む(1)＿＿＿新たな問題が起きているという。今年4月に実施した全国犬猫飼育実態調査によると、ペットの高齢化は顕著になっており、そこには「飼育の質の向上」、「動物医療の発達」、「環境の改善」などが関係しているという。しかし、このようなペットの高齢化で様々な問題が起きているのも事実である。まず、高齢になったペット自身に関する問題として「疾病の多様化」がある。犬や猫の長寿命化に伴って疾病が多様化しており、そうした疾病を未然に防ぐための仕組み作りや、疾病を治療する医療技術の開発が課題になっている。また、人間の高齢化が生じていると同時にペットの高齢化も進むことで、「高齢飼育者×高齢ペット」という状況が多数生じている。ペット飼育にはある程度の苦労が必要であり、高齢ペットの飼育となれば尚更である。それ故、このままでは高齢飼育者による飼育放棄が増えてしまいかねない。また、ペットの高齢化が飼育者に与えるもう一つの影響が「ペットロス」である。ペットの寿命が延びるのは、飼育者にとって幸せなことであるが、その一方で、長く生活を共にしたことでペットを亡くした時の悲しみは強く現れてしまう。悲しみがひどくなると、「ペットロス症候群」として心理的、身体的な疾病になってしまうケースもあるという。

193 **本文の内容から見て、(1)＿＿＿に入る最も適当な表現はどれですか。**

Ⓐ につれて
Ⓑ にもまして
Ⓒ にかかわらず
Ⓓ をものともせず

194 **ペットの高齢化の背景として、本文に出ていないものはどれですか。**

Ⓐ 環境の改善
Ⓑ 飼育の質の向上
Ⓒ 動物医療の発達
Ⓓ 飼育者の健康の改善

195 **ペットの高齢化から生まれる問題として、本文に出ていないものはどれですか。**

Ⓐ ペットロス
Ⓑ 疾病の多様化
Ⓒ 飼育費用の大幅な増加
Ⓓ 高齢飼育者による飼育放棄

196 **本文の内容と合っているものはどれですか。**

Ⓐ ペットの寿命が延びることが飼育者にとって必ずしもいいとは限らない。
Ⓑ ペットに対する認識の改善で、飼育放棄は年々減っている。
Ⓒ 医療技術の発達に伴い、ペットの疾病もほとんど克服できるようになった。
Ⓓ 全国犬猫飼育実態調査で、ペットの高齢化が徐々に増加していることがわかった。

(197~200)

待機児童問題が注目され始めたのはここ数年ほどであるが、以前からこの問題はずっと水面下にあったと言える。この問題については様々な原因が重なり合っているため、簡単には解決できないと思うが、自分なりにいくつかの原因と解決策について考えてみた。今日本では、経済不況から男性のみならず女性も働く世帯が多くなり、(1)_____。また、仕事も豊富で住むのにも便利な都市部に人が集まるのも原因の一つであると言える。最後に、昔の大家族とは違ってお父さん、お母さん、子供のみの核家族がどんどん増えているのも大きな原因であろう。では、待機児童問題の具体的な解決策として次のようなことを提案したい。まず、個人ができる方法としては、待機児童問題が特に顕著な自治体を避け、待機児童の少ない所に引っ越す方法である。そして、企業側ができる方法としては、事業所内保育所を開設することや、短時間勤務制度や在宅勤務のような柔軟な働き方を用意することで子育て世代に配慮した環境を整えることなどが挙げられる。

197 本文の内容から見て、(1)_____に入る最も適当な表現はどれですか。

Ⓐ 核家族化が急激に進むようになった
Ⓑ 家計の支出が大幅に増えるようになった
Ⓒ 徐々に児童の教育に対する関心が薄れてきた
Ⓓ 必然的に児童を預かってもらう所が必要になってきた

198 待機児童問題の原因として、本文に出ていないものはどれですか。

Ⓐ 核家族化
Ⓑ 保育士の不足
Ⓒ 女性の社会進出
Ⓓ 都市部に児童が集中

199 待機児童問題の企業側の解決策として、本文に出ていないものはどれですか。

Ⓐ 在宅勤務制度の導入
Ⓑ 一人親家庭への支援
Ⓒ 短時間勤務制度の導入
Ⓓ 事業所内保育所の導入

200 本文の内容と合っているものはどれですか。

Ⓐ 働く世帯の減少は、待機児童問題を深刻化させている。
Ⓑ 待機児童問題は、国の介入ですぐに解決できる問題である。
Ⓒ 待機児童問題の個人レベルでの解決策は、在宅勤務の拡大である。
Ⓓ 待機児童の少ない自治体への引っ越しも待機児童問題の解決策になれる。

부록

경어

1 주요 동사의 존경어 및 겸양어

2 일본어 경어에서 「お」・「ご」의 사용법

CHAPTER 1

확인 문제 해석

복습 문제 10 정답 및 해석

CHAPTER 2

복습 문제 10 정답 및 해석

CHAPTER 3

JLPT N2 문법 모의고사 정답 및 해석

JLPT N1 문법 모의고사 정답 및 해석

JPT 독해 모의고사 정답 및 해석

OMR 답안지

1. 주요 동사의 존경어 및 겸양어

존경어	보통어	겸양어
なさる 하시다	**する** 하다	**いたす** 하다
ご覧(らん)になる 보시다	**見(み)る** 보다	**拝見(はいけん)する** 삼가 보다
くださる 주시다	**やる** 주다	**差(さ)し上(あ)げる** 드리다
お借(か)りになる 빌리시다	**借(か)りる** 빌리다	**拝借(はいしゃく)する** 빌리다 / **お借(か)りする** 빌리다
おぼしめす 생각하시다	**思(おも)う** 생각하다	**存(ぞん)じる** 생각하다
ご存(ぞん)じだ 아시다	**知(し)る** 알다	**存(ぞん)じる** 알다
おっしゃる 말씀하시다	**言(い)う** 말하다	**申(もう)す** 말씀드리다 / **申(もう)し上(あ)げる** 말씀드리다
お聞(き)きになる 들으시다, 물으시다	**聞(き)く** 듣다, 묻다	**承(うけたまわ)る** 삼가 듣다 / **伺(うかが)う** 여쭙다
召(め)し上(あ)がる 드시다	**食(た)べる** 먹다 / **飲(の)む** 마시다	**いただく** 먹다 / **頂戴(ちょうだい)する** 받아서 먹다
お会(あ)いになる 만나시다	**会(あ)う** 만나다	**お会(あ)いする** 뵈다 / **お目(め)にかかる** 뵈다
いらっしゃる 계시다	**いる** 있다	**おる** 있다
いらっしゃる 가시다, 오시다 **おいでになる** 가시다, 오시다 **お越(こ)しになる** 오시다 **お見(み)えになる** 오시다	**行(い)く** 가다 / **来(く)る** 오다	**参(まい)る** 가다, 오다

2. 일본어 경어에서 「お」·「ご」의 사용법

① 「かず(숫자) - おかず(반찬)」, 「かげ(그림자) - おかげ(덕분)」, 「にぎり(쥠) - おにぎり(주먹밥)」, 「しぼり(짬) - おしぼり(물수건)」처럼 「お」나 「ご」를 빼면 그 의미가 없어지거나 변한다.

예 電信柱の後ろにはかげが長く伸びていた。
전신주 뒤에는 그림자가 길게 뻗어 있었다.

今回成功できたのは、全部先生のおかげです。
이번에 성공할 수 있었던 건 전부 선생님 덕분이에요.

② 「お考え(생각)」, 「お若い(젊다)」, 「ご家族(가족)」, 「ご意見(의견)」처럼 듣는 사람이나 손윗사람, 경의를 나타내야만 하는 사람의 행위나 사물, 상태에 대해 말할 때 사용한다. (존경어로써의 용법)

예 お疲れでしょうから、ごゆっくりお休みください。
피곤하실 테니까 느긋하게 쉬세요.

③ 「お願い(부탁)」, 「お礼(사례)」, 「ご報告(보고)」, 「ご案内(안내)」처럼 자신 혹은 자신의 영역에 포함되는 사람의 행위나 사물 등에 관해 듣는 사람이나 손윗사람, 경의를 나타내야만 하는 사람에게 말할 때 사용한다. (겸양어로써의 용법)

예 今晩にでも、先生にお電話をしてご報告するつもりです。
오늘밤이라도 선생님께 전화를 해서 보고할 생각이에요.

④ 「お花(꽃)」, 「お酒(술)」, 「お金(돈)」처럼 특별한 의미는 없지만 미화어로써 사용한다. (여성에 의해 사용되는 경우가 많다.)

예 昨夜はお酒を飲みすぎてしまいました。
어젯밤은 술을 과음해 버렸어요.

CHAPTER 1

확인 문제 해석

Unit. 01 ····· 19쪽

1. 하늘을 올려다보니 금방이라도 비가 내릴 것 같다.
2. 아침부터 졸린 듯한 얼굴을 하고 있네요.
3. 뉴스에 의하면 올해 여름은 덥다고 한다.
4. 이 일, 혼자서는 도저히 할 수 없을 것 같다.
5. 저 영화는 별로 재밌을 것 같지 않다.

Unit. 02 ····· 21쪽

1. 그곳의 풍경은 마치 그림 같았다.
2. 후기를 보면 이 레스토랑의 요리는 아마 맛있는 것 같다.
3. 이번 여행에 그 사람도 갈 것 같네요.
4. 나도 그 사람과 같은 사람이 되고 싶다.
5. 그녀의 피부는 눈처럼 하얗다.

Unit. 03 ····· 23쪽

1. 다음 주, 저 가수의 새로운 곡이 나오는 것 같다.
2. 최근 봄다운 따뜻한 날이 이어지고 있다.
3. 그녀의 손은 얼음같이 차다.
4. 저 사람 미국인인 것 같네. 영어를 술술 잘 했어.
5. 너와 그 사람은 취미가 맞는 것 같아 정말 잘됐다.

Unit. 04 ····· 25쪽

1. 이 자료는 부장님이 쓰신 것입니다.
2. 그녀는 스무 살이 될 때까지 할머니에게 길러졌다고 한다.
3. 죄송합니다만 내일 아침 6시까지 여기에 올 수 있습니까?
4. 바로 옆에 맨션이 지어져서 볕이 잘 들지 않게 되어 버렸다.
5. 결혼해서 아이가 생긴 지금에 와서 어머니의 노고가 그리워진다.

Unit. 05 ····· 29쪽

1. 아이에게 그림책을 읽게 한다.
2. 나는 매일 아침 개를 산책시키고 있다.
3. 귀찮기 때문에 여동생에게 과자를 사오게 한다.
4. 오늘의 선생님의 이야기가 그 사람에게 의욕을 일으키게 했다.
5. 주말이 되면 엄마는 항상 나에게 방을 청소시킨다.

Unit. 06 ····· 31쪽

1. 선생님이 억지로 독서감상문을 쓰게 했다.
2. 어제 엄마가 억지로 5시간이나 공부하게 했다.
3. 사고 싶지도 않은 휴대전화를 점원이 억지로 사게 했다.
4. 별로 하고 싶지 않은 게임에 억지로 참가하게 됐다.
5. 그녀는 담임 선생님이 억지로 급식을 전부 먹게 했다.

Unit. 07 ····· 33쪽

1. 지금부터 사장님께서 말씀하실 예정입니다.
2. 입회 수속은 이용하실 코스를 먼저 선택해 주세요.
3. 이쪽의 물건은 자유롭게 가져가 주세요.
4. 선생님, 내일부터 여행에 가신다고 하네요.
5. 나카무라 선생님께서 이 책을 쓰셨습니다.

Unit. 08 ····· 35쪽

1. 무거운 것 같네요. 도와드릴까요?
2. 내일까지 보내드릴 약속이었는데 대단히 죄송합니다.
3. 음료라면 제가 준비하겠습니다.
4. 즉시 응모해 주셔서 감사합니다.
5. 물어보신 건에 대해서는 제가 설명해 드리겠습니다.

Unit. 09 ······ 39쪽

1. 물은 100도가 되면 끓어오른다.
2. 우리 아들로 말하자면 여유만 있으면 텔레비전만 보고 있다.
3. 그 책은 읽으면 읽을수록 재미있어진다.
4. 그녀는 영어도 할 수 있고 프랑스어도 할 수 있다.
5. 너를 위하기 때문에 이렇게 엄하게 말하는 것이다.

Unit. 10 ······ 41쪽

1. 4에 4를 더하면 8이 된다.
2. 나는 아침에 일어나면 바로 샤워를 한다.
3. 이 버튼을 누르면 표가 나온다.
4. 저 모퉁이를 오른쪽으로 돌면 우체국이 보인다.
5. 집에 돌아가니 친구가 나를 기다리고 있었다.

Unit. 11 ······ 43쪽

1. 겉모양은 별로 좋지 않지만 먹어보니 의외로 맛있었다.
2. 매일 운동했더니 꽤 살이 빠졌다.
3. 그 책 다 읽으시면 빌려주시지 않겠습니까?
4. 이해되지 않는다면 언제든지 질문해 주세요.
5. 마중 나갈 테니 역에 도착하면 저에게 전화해 주세요.

Unit. 12 ······ 45쪽

1. 내가 새라면 하늘을 날아 보고 싶다.
2. 춥다면 창문을 닫아도 괜찮아요.
3. 당신이 간다면 저도 가겠습니다.
4. 차를 마신다면 저 가게가 좋습니다.
5. 바겐세일에 간다면 긴자를 추천해요.

Unit. 13 ······ 49쪽

1. 부모님이 건강할 동안에 다양한 곳에 여행 가고 싶다.
2. 식기 전에 어서 드세요.
3. 정원 수에 달하지 않았기 때문에 이 이벤트는 중지입니다.
4. 이제부터 영어 공부를 할 참입니다.
5. 지금부터 가 봤자 이미 늦었을 것이다.

Unit. 14 ······ 51쪽

1. 특별히 이유도 없이 아이를 때리다니 최악이다.
2. 근거없는 이 주장이 그에게 통할 리가 없다.
3. 그녀는 학창시절에 공부만 한 것은 아니다.
4. 모처럼 초대해 주었으니 가지 않을 수 없다.
5. 그 사람이 그런 엉터리 거짓말을 할 리가 없다.

Unit. 15 ······ 53쪽

1. 마에다 씨는 외국에 간 적이 있습니까?
2. 이제 곧 대학 졸업이고 나도 슬슬 취업 준비를 시작하기로 했다.
3. 휴일에는 일에 대해 생각하지 않고 충분히 쉬어야 한다.
4. 자주 늦잠을 자는 그이기 때문에 아직 자고 있을 것이다.
5. 기쁘게도 내일 옛친구를 만날 수 있어요.

Unit. 16 ······ 55쪽

1. 어느 때나 건강은 소중히 하는 것이다.
2. 어릴 때 저곳에 자주 가곤 했다.
3. 저런 무례한 사람과 두 번 다시 이야기를 할까 보냐.
4. 새로운 컴퓨터를 샀지만 아직 한번도 사용하지 않았다.
5. 늦잠을 자 버렸기 때문에 회사에 지각해서 상사에게 혼났다.

Unit. 17 59쪽

1. 너를 생각하기 때문에 이야기해 주는 것이다.
2. 그 사람은 아직 히라가나조차 제대로 쓸 수 없다.
3. 그런 일이 일어나다니 예상조차 못했다.
4. 최근 결혼하지 않는 젊은이가 늘어나는 중이다.
5. 오늘 회의는 오후 2시부터 실시합니다.

Unit. 18 61쪽

1. 이 모임은 연령을 불문하고 누구나 참가할 수 있다.
2. 그 사람의 건방진 태도에 나는 한 마디 하지 않고는 있을 수 없었다.
3. 모두 출석한다면 나도 반드시 갈 것이다.
4. 선생님에게 불려졌기 때문에 가지 않을 수 없다.
5. 여기서는 성별에 관계없이 유능한 인재를 모집하고 있다.

Unit. 19 63쪽

1. 과학자들은 이상을 실현하기 위해 다양한 신기술을 이 기계에 집어넣었다.
2. 이곳은 후세에 남겨야 할 아름다운 숲이다.
3. 여기에 낙서하지 말 것.
4. 현대사회에서 컴퓨터는 빠트릴 수 없는 존재가 되고 있다.
5. 그 사람이 말한 것은 정치가로서 용서할 수 없는 발언이었다.

Unit. 20 65쪽

1. 내가 가든 가지 않든 너와는 관계없다.
2. 이번과 같은 사건은 두 번 다시 일어나서는 안 되는 일이다.
3. 뇌물을 받다니 정치가로서 있어서는 안 된다.
4. 이제 곧 시험이기 때문에 이제부터는 단 1분이라도 헛되게는 할 수 없다.
5. 그 사람은 아이를 구하기 위해 강에 뛰어들었다.

복습 문제 10 정답 및 해석

Unit. 01~04 27쪽

❶ [정답] Ⓓ
[해석] 올해 겨울은 작년보다 춥다고 한다.

❷ [정답] Ⓑ
[해석] 최근 학생다운 학생이 줄어들고 있다.

❸ [정답] Ⓓ 知(し)らせて → 知(し)られて
[해석] 이 마을은 녹차의 산지로서 일본 전국에 알려져 있습니다.

❹ [정답] Ⓓ できそうではない → できそうにない
[해석] 아무리 노력해도 이 숙제는 내일까지 할 수 없을 것 같다.

❺ [정답] Ⓑ 美味(おい)しい → 美味(おい)し
[해석] 빵집에서 방금 구운 빵의 맛있을 것 같은 냄새가 나서 들어가 보았다.

❻ [정답] Ⓑ
[해석] 집 근처 공원에 가 보았더니 벌써 봄 기운이 느껴졌다.

❼ [정답] Ⓓ
[해석] 산에서 내려다보는 풍경은 마치 그림같이 아름다웠다.

❽ [정답] Ⓑ
[해석] 수업 중에 친구와 이야기를 해서 선생님에게 주의를 받아 버렸다.

❾ [정답] Ⓓ
[해석] 그녀는 연애다운 연애도 하지 못한 채 결혼하고 말았다.

❿ [정답] Ⓐ
[해석] 이 그림을 볼 때마다 헤어진 여자친구가 생각난다.

Unit. 05~08 ······ 37쪽

❶ [정답] Ⓑ

[해석] 나카무라 씨, 사장님은 오셨습니까?

❷ [정답] Ⓓ

[해석] 스즈키 선생님은 언제쯤 돌아오셨습니까?

❸ [정답] Ⓓ 歌(うた)わせた → 歌(うた)わされた

[해석] 노래는 너무 못하는데 노래방에서 부장님이 억지로 노래하게 했다.

❹ [정답] Ⓒ していただき → いただき

[해석] 이번에 저희 가게를 이용해 주셔서 대단히 감사합니다.

❺ [정답] Ⓑ お → ご

[해석] 이번에 여러분께 소개해 드릴 상품은 이것입니다.

❻ [정답] Ⓑ

[해석] 이 일을 그 사람에게 계속 하게 하는 것은 이제 무리겠죠.

❼ [정답] Ⓐ

[해석] 나는 어머니가 싫어하는 피망을 억지로 먹게 했다.

❽ [정답] Ⓒ

[해석] 오늘은 어떤 분이든 입장하실 수 있습니다.

❾ [정답] Ⓑ

[해석] 처음 사용하실 때는 반드시 취급설명서를 읽어 주시기 바랍니다.

❿ [정답] Ⓐ

[해석] "부디 식기 전에 드세요."
"그럼 잘 먹겠습니다."

Unit. 09~12 ······ 47쪽

❶ [정답] Ⓑ

[해석] 방 청소를 해 주면 용돈을 주겠다.

❷ [정답] Ⓓ

[해석] 그곳에 갈 때마다 즐거웠던 어린 시절이 생각난다.

❸ [정답] Ⓑ 開(あ)ければ → 開(あ)けると

[해석] 아침에 일어나서 창을 열자 새 울음소리가 들려왔습니다.

❹ [정답] Ⓒ 曲(ま)がるなら → 曲(ま)がると

[해석] 그 은행은 이 길을 쭉 가서 왼쪽으로 돌면 있어요.

❺ [정답] Ⓑ すると → すれば

[해석] 이것은 단지 약을 먹기만 하면 낫는 병이 아닙니다. 반드시 입원이 필요합니다.

❻ [정답] Ⓐ

[해석] 아들은 아침에 일어나면 바로 물을 마시는 습관이 있다.

❼ [정답] Ⓒ

[해석] 선생님께 연락이 있으면 알려 주세요.

❽ [정답] Ⓐ

[해석] 혹시 한국에 간다면 여름보다 가을이 좋다고 생각합니다.

❾ [정답] Ⓐ

[해석] 아무리 공부를 강요해도 본인이 하지 않으면 그뿐이다.

❿ [정답] Ⓑ

[해석] 우리 아버지는 술도 마시고 담배도 피우기 때문에 건강이 걱정이다.

Unit. 13~16 ...... 57쪽

❶ [정답] Ⓐ
[해석] 회는 안 먹는 것은 아니다.

❷ [정답] Ⓐ
[해석] 그와 그녀는 주위의 반대를 아랑곳하지 않고 결혼했다.

❸ [정답] Ⓐ
[해석] 이유도 없이 아이를 혼내는 것은 좋지 않다.

❹ [정답] Ⓓ ことになった → ことにした
[해석] 나도 건강을 위해서 매일 아침 30분 정도 공원을 산책하기로 했다.

❺ [정답] Ⓓ ものだ → ことだ
[해석] 휴일에는 일에 대한 것은 일절 생각하지 않고 충분히 쉬어야 한다.

❻ [정답] Ⓒ わけにはいけず → わけにはいかず
[해석] 이 분야의 전문가인 그 사람의 조언을 무시할 수는 없어 참고하기로 했다.

❼ [정답] Ⓒ
[해석] 다행히도 전원이 그 악몽 같은 화재를 면했다.

❽ [정답] Ⓑ
[해석] 운전 중에 갑자기 개가 튀어나와 하마터면 사고가 될 뻔했다.

❾ [정답] Ⓒ
[해석] 언제나 시간에 정확한 그녀이니까 이제 곧 올 거예요.

❿ [정답] Ⓑ
[해석] 이제 곧 입춘이라고 하지만 아직 추운 날이 계속되고 있다.

Unit. 17~20 ...... 67쪽

❶ [정답] Ⓐ
[해석] 이런 사건이 일어나다니 상상조차 못했다.

❷ [정답] Ⓓ
[해석] 이 봉사활동은 연령을 불문하고 누구나 참가할 수 있다.

❸ [정답] Ⓐ
[해석] 저런 불친절한 가게, 두 번 다시 갈까 보냐.

❹ [정답] Ⓐ にもあろう → ともあろう
[해석] 경찰관이나 되는 자가 폭력단에게 뇌물을 받다니 용서하기 힘든 일이다.

❺ [정답] Ⓓ する → ある
[해석] 최근 경제적으로 불안정하기 때문에 결혼하고 싶어하지 않는 젊은이가 늘어나고 있다고 한다.

❻ [정답] Ⓑ
[해석] 오늘은 이 가게만의 제철 식재료를 사용한 요리를 즐겨 주십시오.

❼ [정답] Ⓒ
[해석] 그 사람은 딸을 구하기 위해 자신의 목숨을 버렸다.

❽ [정답] Ⓑ
[해석] 업자로부터 금품을 받다니 공무원에게 있어서는 안 되는 일이다.

❾ [정답] Ⓑ
[해석] 심하게 혼난 아들은 당장이라도 울 것 같은 얼굴을 하고 있었다.

❿ [정답] Ⓓ
[해석] 안을 낸 사람들은 이 결정에 반대하지 않고는 있을 수 없을 것이다.

CHAPTER 2

복습 문제 10 정답 및 해석

JLPT N2

01~10 ········· 75쪽

❶ [정답] Ⓑ
[해석] 귀성했을 때, 답례차 찾아뵙겠습니다.

❷ [정답] Ⓒ 悲(かな)しみ → 悲(かな)しみの
[해석] 둘도 없는 아들을 교통사고로 잃은 그녀는 슬픈 나머지 마음의 병에 걸렸다.

❸ [정답] Ⓑ 以上(いじょう)では → 以上(いじょう)は
[해석] 혼자서 하겠다고 결정한 이상은 마지막까지 책임을 지고 힘써 주세요.

❹ [정답] Ⓑ 一方(いっぽう)に → 一方(いっぽう)で
[해석] 그녀는 학교에 다니는 한편으로 봉사활동에도 참가하고 있다.

❺ [정답] Ⓑ あった → あり
[해석] 그 사람이 나를 배신하는 일은 절대 있을 수 없는 일이라고 생각하고 있었는데 완전히 배신 당해 버렸다.

❻ [정답] Ⓑ 上(うえ)に → 上(うえ)で
[해석] 그 사람과의 결혼은 부모님과 잘 상담한 후에 어떻게 할 지 정할 생각입니다.

❼ [정답] Ⓓ
[해석] 최근 점점 더 살이 쪄서 다이어트하지 않으면 안 되겠다고 생각하고 있다.

❽ [정답] Ⓑ
[해석] 제대로 공부를 하고 있는 한 시험은 합격할 수 있을 것이다.

❾ [정답] Ⓐ
[해석] 많이 걱정시켰던 끝에 아무 일도 없었던 듯이 아들은 돌아왔다.

❿ [정답] Ⓑ
[해석] 그것을 지금 그 사람에게 말하면 나중에 문제가 일어날 우려가 있다.

11~20 ········· 81쪽

❶ [정답] Ⓑ
[해석] 이 요리, 혼자서는 도저히 다 먹을 수 없어요.

❷ [정답] Ⓓ 理解(りかい)する → 理解(りかい)し
[해석] 논리적으로 맞다고 하더라도 그 사람의 생각은 나에게는 이해하기 어렵다.

❸ [정답] Ⓒ 決(き)めかねない → 決(き)めかねる
[해석] 이 문제는 저 혼자만의 생각으로는 정하기 어려운 문제이기 때문에 조금만 기다려 주세요.

❹ [정답] Ⓒ くせなのに → くせに
[해석] 그 사람으로 말하자면 돈을 많이 가지고 있으면서 한 번도 한턱내 준 적이 없다.

❺ [정답] Ⓐ
[해석] 정답을 알고 있으면서 그녀는 항상 자신 없는 듯이 대답한다.

❻ [정답] Ⓐ
[해석] 최근 계속된 잔업으로 조금 피곤한 느낌입니다.

❼ [정답] Ⓐ
[해석] 역시 시골은 공기부터가 대도시와는 다르다.

❽ [정답] Ⓒ
[해석] 선생님이라고 해서 전부 알고 있다고는 할 수 없습니다.

❾ [정답] Ⓓ
[해석] 전철에 타자마자 문이 닫혔다.

❿ [정답] Ⓓ
[해석] 한창 식사를 하고 있는 중에 친구로부터 전화가 걸려 왔다.

21~30 ········· 87쪽

❶ [정답] Ⓐ

[해석] 날씨에 따라서는 모처럼의 소풍이 취소될지도 모른다.

❷ [정답] Ⓑ

[해석] 차분히 검토한 후가 아니면 아무것도 말씀드릴 수 없습니다.

❸ [정답] Ⓐ

[해석] 바로 코 앞에서 져 버려 분해서 견딜 수 없습니다.

❹ [정답] Ⓐ

[해석] 옆집 부부는 매일 싸움만 해서 시끄러워 견딜 수 없다.

❺ [정답] Ⓐ 怒(おこ)るっぽい → 怒(おこ)りっぽい

[해석] 그 사람은 자주 화를 내는 성격이기 때문에 그의 신경에 거슬리는 듯한 말은 하지 않는 편이 좋아.

❻ [정답] Ⓐ した → して

[해석] 결혼한 이후 아무래도 친구와 함께 술을 마시러 가는 일이 줄었다.

❼ [정답] Ⓒ

[해석] 방이 먼지투성이네. 바로 청소하렴.

❽ [정답] Ⓐ

[해석] 아무리 우수한 그 사람이라고 해도 이 일은 혼자서 할 수 있을 리가 없다.

❾ [정답] Ⓐ

[해석] 오랫동안 살았던 만큼 그 나라에 대해 자세히 알고 있네.

❿ [정답] Ⓑ

[해석] 꽤 좋아졌기 때문에 다음 주에는 산책하러 나가도 상관없다.

31~40 ········· 93쪽

❶ [정답] Ⓓ

[해석] 최근 일이 쌓여 있어 휴가 갈 상황이 아니다.

❷ [정답] Ⓐ

[해석] 혼자서 이것을 전부 정리하는 것은 무리인 것이 당연하다.

❸ [정답] Ⓒ に加(くわ)わって → に加(くわ)えて

[해석] 그 사람의 작문은 글씨가 서투른 것에 더해 문법 오류도 너무 많다.

❹ [정답] Ⓑ に → と

[해석] 스마트폰의 보급과 함께 우리들의 생활도 크게 변화했다.

❺ [정답] Ⓓ いられる → いられない

[해석] 그 사람의 이야기는 언제나 재밌어서 웃지 않고는 있을 수 없어.

❻ [정답] Ⓑ にあてて → にあたって

[해석] 열대지방에 여행할 즈음해서 사전에 예방접종을 맞을 것을 권합니다.

❼ [정답] Ⓐ をもとに→ に応(おう)じて

[해석] 그 감독은 필요에 따라서 적절하게 작전을 바꿨지만 결국 시합에 져 버렸다.

❽ [정답] Ⓓ

[해석] 공부는 잘 못하지만 달리는 것에 관해서는 누구에게도 지지 않는다.

❾ [정답] Ⓓ

[해석] 공항에서 아들의 얼굴을 보자마자 눈물이 흘러 넘쳤다.

❿ [정답] Ⓐ

[해석] 새로운 선생님은 상냥하기는커녕 너무 엄해서 나는 매일 주의받고 있다.

41~50 .... 99쪽

❶ [정답] ⓒ

[해석] 산 정상에 가까워짐에 따라 공기는 희박해진다.

❷ [정답] Ⓐ

[해석] 회비는 한 명당 1,000엔입니다.

❸ [정답] Ⓑ

[해석] 병이 없는 세상이 실현되면 그것이 최고다.

❹ [정답] ⓒ

[해석] 이것은 야마다 씨 본인의 발언에 틀림없습니다.

❺ [정답] Ⓑ につき → につけ

[해석] 이 곡을 들을 때마다 학생시절이 생각난다.

❻ [정답] Ⓑ を → に

[해석] 요전 결정한 계획에 따라 일을 진행해 갈 예정이다.

❼ [정답] ⓒ

[해석] 아이가 한 일이라고 해도 절대 용서받을 수 있는 일이 아니다.

❽ [정답] Ⓓ

[해석] 모두의 예상과는 반대로 시험은 매우 쉬웠다.

❾ [정답] Ⓐ

[해석] 하기 싫은 일은 절대로 하지 않는다는 것은 고집이 아니라 단순한 제멋대로인 것이다.

❿ [정답] Ⓐ

[해석] 아이가 그린 그림치고는 매우 잘 그렸네.

51~60 .... 105쪽

❶ [정답] ⓒ

[해석] 그 사람의 충고를 듣지 않은 탓에 큰 실패를 하고 말았다.

❷ [정답] Ⓓ

[해석] 이 건에 대해서는 긍정적인 의견뿐만 아니라 부정적인 의견도 많았다.

❸ [정답] Ⓐ

[해석] 요즘 젊은이는 집은 물론이고 자동차에도 흥미가 없다고 말해지고 있다.

❹ [정답] Ⓓ 向(む)かい → 向(む)き

[해석] 굳이 말하자면 이 책은 남성보다 여성에 적합한 책이다.

❺ [정답] ⓒ 疑(うたが)う → 疑(うたが)い

[해석] 이번 사건이 그 사람의 범행이라는 것은 이미 의심할 수 없는 사실이다.

❻ [정답] Ⓑ で → を

[해석] 원자력 발전소의 찬부를 둘러싸고 다양한 의견이 오가고 있다.

❼ [정답] ⓒ に基(もと)づいて → を基(もと)にして

[해석] 이 드라마는 오래된 노래를 가지고 만들어졌다고 한다.

❽ [정답] Ⓑ

[해석] 엄마는 항상 마음을 담아 우리들에게 도시락을 만들어 주었다.

❾ [정답] Ⓐ

[해석] 오늘은 일 이야기는 제쳐 두고 마음껏 즐깁시다.

❿ [정답] ⓒ

[해석] 별로 시간이 없기 때문에 서론 없이 빨리 본론으로 들어갑시다.

JLPT N1

01~10 .... 115쪽

❶ [정답] ⓒ

[해석] 그녀는 그 이야기를 듣자마자 울기 시작했다.

❷ [정답] Ⓐ

[해석] 저 사람으로 말하자면 무엇이든 과장해서 이야기하는 경향이 있다.

❸ [정답] Ⓐ いかんには→ いかんでは

[해석] 지금 상황 여하에 따라서는 당초 작전을 바꾸는 것도 생각할 수 있다.

❹ [정답] Ⓐ あったの → あっての

[해석] 모회사가 있기에 가능한 하청이기 때문에 모회사의 지시에는 따르지 않을 수 없다.

❺ [정답] Ⓑ のかたがた → かたがた

[해석] 할아버지의 병문안 겸 오랜만에 고향에 돌아가기로 했다.

❻ [정답] Ⓓ

[해석] 나카무라 군은 학교까지 5킬로미터나 되는 길을 매일 걸어서 다니고 있다.

❼ [정답] Ⓑ

[해석] 그 사람이 고국에 돌아가 버리다니 안타까울 따름이다.

❽ [정답] Ⓑ

[해석] 매일 운동한 보람도 없이 별로 살이 빠지지 않았다.

❾ [정답] Ⓑ

[해석] 근처에 이사 온 친구네 집에 쇼핑하러 가는 김에 방문해 보았다.

❿ [정답] Ⓑ

[해석] 땅 울리는 소리가 들리는가 싶더니 심한 흔들림이 덮쳐 왔다.

11~20 ……… 121쪽

❶ [정답] Ⓓ

[해석] 사용한 물건은 내 놓은 채로 두지 말고 원래 장소에 되돌려 둡시다.

❷ [정답] Ⓓ

[해석] 우리 아이는 내가 청소하자마자 바로 방을 더럽힌다.

❸ [정답] Ⓓ だらけ → ずくめ

[해석] 대학에는 합격했고 여자친구도 생겼고 올해는 좋은 일 일색인 해였다.

❹ [정답] Ⓓ ほど → だけ

[해석] 교통사고를 당해 상처는 났지만 큰일이 되지 않을 것만으로 다행입니다.

❺ [정답] Ⓒ 追(お)わせ → 追(お)われ

[해석] 이 영화는 국제적인 음모를 둘러싸고 전개된 쫓고 쫓기는 추격전을 그린 영화이다.

❻ [정답] Ⓒ

[해석] 혼자서 충분히 할 수 있다고 한 주제에 이 지경이다.

❼ [정답] Ⓒ

[해석] 그 사람에게 돈을 빌려줬다 하면 절대로 돌려받지 못할 것이다.

❽ [정답] Ⓑ

[해석] 저런 무례하기 짝이 없는 점원이 있는 가게 따위 두 번 다시 갈까 보냐.

❾ [정답] Ⓓ

[해석] 시험은 내일이기 때문에 지금부터 공부한다 해도 별로 변하지 않을거야.

❿ [정답] Ⓓ

[해석] 비록 부모라고 해도 자신의 아이가 정한 일에 일일이 말참견하는 것은 좋지 않다고 생각한다.

21~30 ……… 127쪽

❶ [정답] Ⓐ

[해석] 그와 그녀의 행복을 진심으로 기원합니다.

❷ [정답] Ⓓ

[해석] 이 과일은 맛도 그렇고 가격도 그렇고 불만을 말할 수가 없네.

❸ [정답] Ⓑ

[해석] 아무리 몸에 좋다고 해도 과식하면 반대로 몸에 부담이 된다.

❹ [정답] Ⓑ こと → もの

[해석] 그 선수는 나카무라 코치와 만난 후 몰라볼 만큼 능숙해져 있었다.

❺ [정답] Ⓑ とも → とが

[해석] 긴 연휴와 좋은 날씨와 함께 각지의 해수욕장은 인파로 붐비고 있다.

❻ [정답] Ⓒ

[해석] 혼자 하겠다고 약속했기 때문에 자는 시간을 쪼개서라도 할 수밖에 없다.

❼ [정답] Ⓓ

[해석] 그 신사는 평일 점심시간이라서 참배자는 드물었다.

❽ [정답] Ⓑ

[해석] 요즘 계속된 잔업에 피곤하기 짝이 없다.

❾ [정답] Ⓓ

[해석] 인기있는 가게였기 때문에 맛있을 거라고 생각했는데 그렇지도 않았다.

❿ [정답] Ⓓ

[해석] 바쁘신 중에 내사해 주셔서 감사합니다.

31~40 .... 133쪽

❶ [정답] Ⓐ

[해석] 결승전에서 져버린 그녀의 분함은 상상하기에 어렵지 않다.

❷ [정답] Ⓓ

[해석] 아무리 돈이 있어도 건강한 몸 없이 행복하다고는 할 수 없을 것이다.

❸ [정답] Ⓑ からあって → にあって

[해석] 그 나라는 경제성장기여서 다양한 산업이 급속히 발전하고 있다.

❹ [정답] Ⓑ とにかく → ともなく

[해석] 그 사람은 특별히 어디를 읽을 생각도 없이 잡지의 페이지를 훌훌 넘기고 있었다.

❺ [정답] Ⓑ かかる → かかわる

[해석] 대학은 장래 커리어에 관계되기 때문에 충분히 생각하고 결정하길 바란다.

❻ [정답] Ⓐ を → に

[해석] 마에다 군은 병을 핑계로 수업에 결석하고 집에서 계속 게임을 하고 있었다.

❼ [정답] Ⓓ

[해석] 딸은 '들어오지 마'라는 듯이 자신의 방에 열쇠를 걸어 버렸다.

❽ [정답] Ⓑ

[해석] 그 회사는 주식이 떨어지는 사태에 이르러 비로소 사고 대응의 잘못을 인정했다.

❾ [정답] Ⓓ

[해석] 그 가게의 서비스는 최악까지는 아니더라도 좋은 것은 아니었다.

❿ [정답] Ⓒ

[해석] 이 연령 정도 되면 몸이 생각한대로 움직여 주지 않게 된다.

41~50 .... 139쪽

❶ [정답] Ⓓ

[해석] 친구가 그린 그림은 충분히 감상할 만한 가치가 있는 것이었다.

❷ [정답] Ⓑ

[해석] 어제까지의 더위와는 반대로 오늘은 꽤 시원해졌다.

❸ [정답] Ⓓ 足(た)らない → 足(た)る

[해석] 상사인 나카무라 씨는 일도 잘하고 존경하기에 충분한 인물이다.

❹ [정답] Ⓓ 当(あ)たります → 当(あ)たりません

[해석] 일단 이것은 전부 합법이기 때문에 걱정할 필요는 없습니다.

❺ [정답] Ⓑ めくなって → めいて

[해석] 점점 봄다워졌는데 어떻게 지내고 계십니까?

❻ [정답] Ⓒ

[해석] 이 학교는 규칙에 따라 머리는 검게 하지 않으면 안 된다.

❼ [정답] Ⓓ

[해석] 철야까지 해서 공부했는데 시험 결과는 좋지 않았다.

❽ [정답] Ⓓ

[해석] 알 만한 나이가 되어 아직 한번도 일한 적이 없다니 뭘 하고 있는 것인지.

❾ [정답] Ⓐ

[해석] 이와 같은 트러블이 일어나 버린 것은 전부 부덕의 극치입니다.

❿ [정답] Ⓐ

[해석] 올해는 작년보다 더 인플루엔자가 맹위를 떨치고 있다.

❽ [정답] Ⓒ

[해석] 그와 그녀는 그날을 끝으로 두 번 다시 만나지 않았다.

❾ [정답] Ⓑ

[해석] 유능했던 부장의 사직을 시작으로 차례로 사원이 그만두었다.

❿ [정답] Ⓐ

[해석] 앙케이트 결과를 토대로 상품의 디자인을 바꿔갈 생각이다.

51~60 .... 145쪽

❶ [정답] Ⓒ

[해석] 오늘부로 국회가 종료되었다.

❷ [정답] Ⓐ

[해석] 부모님의 걱정을 아랑곳하지 않고 그녀는 혼자서 여행을 떠났다.

❸ [정답] Ⓑ のゆえ → ゆえ

[해석] 이 지역은 주요한 역과 가깝기 때문에 부동산 가치는 떨어지기 어렵다.

❹ [정답] Ⓒ において → をおいて

[해석] 아무리 생각해 봐도 이번 일은 우수한 그 사람을 제외하고 가능한 인물이 없을 것 같다.

❺ [정답] Ⓓ 禁(きん)じなかった → 禁(きん)じ得(え)なかった

[해석] 저 그룹의 갑작스러운 해산에 팬으로서 놀람을 금할 수 없다.

❻ [정답] Ⓓ した → された

[해석] 집중호우로 인한 토사붕괴 때문에 많은 사람이 어쩔 수 없이 피난처에서 생활하게 되었다.

❼ [정답] Ⓑ

[해석] 그 작가는 병을 무릅쓰고 소설을 계속 썼다.

CHAPTER 3

실전 모의고사 정답 및 해석

JLPT N2 문법

문제 7 문법형식 판단 .... 150~151쪽

❶ [정답] ④

[해석] 그 사람으로 말하자면 전혀 일을 하지 않는 주제에 회사 불평만 말한다.

[어휘] ～ときたら ~로 말하자면 | 全然 전혀 | ～くせに ~인 주제에 | 文句 불평, 불만 | ～ばかり ~만, ~뿐 | ～抜きで ~없이, ~을(를) 빼고 | ～からして(우선) ~부터가 | ～と共に ~와(과) 함께

❷ [정답] ②

[해석] 인신사고가 있었다고 하던데 지금 전 역에서 전철이 멈춰 있다.

[어휘] 人身事故 인신사고(자동차 · 철도 등의 사고로 사람이 부상을 입거나 사망하는 것) | ～とか ~라고 하던데, ~라고 하면서 | ～とは ~라니, ~하다니

❸ [정답] ③

[해석] 그 사람 방에 놀러 갔더니 방은 먼지 투성이였다.

[어휘] ほこり 먼지 | ～だらけ ~투성이 | ～がち ~하기 쉬움 | ～気味 ~한 기운, ~한 느낌 | ～っぽい ~같은 느낌이 들다, 자주 ~하다

❹ [정답] ①

[해석] 그녀는 아름답다기보다는 오히려 귀엽다.

[어휘] ～よりは ~보다는 | むしろ 오히려 | まさか 설마 | かりに 만약, 임시로 | たとえ 설령

❺ [정답] ②

[해석] 건강을 위해서는 담배는 피우지 않는 것을 넘는 것은 없다(피우지 않는 것이 최고다).

[어휘] 健康 건강 | ～のために ~을(를) 위해서 | ～に越したことはない ~하는 것이 최고다

❻ [정답] ①

[해석] 며칠이나 검토한 끝에 낸 결론이기 때문에 후회는 없다.

[어휘] 何日も 며칠이나 | 検討する 검토하다 | 동사 た형+すえに ~한 끝에 | 後悔 후회 | 동사 기본형+まえに ~하기 전에 | 동사 た형+ところで ~해봤자 | ～とおりに ~대로

❼ [정답] ④

[해석] 공항에서 그녀의 얼굴을 보자마자 눈물이 흘러나왔다.

[어휘] ～とたん(に) ~하자마자 | 涙 눈물 | 溢れ出る 넘치다, 넘쳐 나오다

❽ [정답] ④

[해석] 시험 때문에 이틀이나 밤을 샜기 때문에 너무 졸리다.

[어휘] ～のために ~때문에 | 徹夜 철야, 밤샘 | 眠い 졸리다 | ～てならない 너무 ~하다

❾ [정답] ③

[해석] 고층 맨션 건설을 둘러싸고 분쟁이 일어나고 있다.

[어휘] 高層マンション 고층 맨션 | ～をめぐって ~을(를) 둘러싸고 | 争い 다툼, 분쟁 | ～上で ~한 후에 | ～ばかりに ~한 탓에, ~때문에 | ～につけ(て) ~할 때마다

❿ [정답] ②

[해석] 강한 태풍의 영향으로 비행기와 전철 모두 움직이지 못해 갈 수가 없다.

[어휘] 強い 강하다, 세다 | 台風 태풍 | 影響 영향 | 動く 움직이다 | 동사 ます형+ようがない ~할 수가 없다

⓫ [정답] ③

[해석] 오늘은 조금 전에 나눠드린 자료 내용에 따라 발표하겠습니다.

[어휘] 本日(ほんじつ) 금일, 오늘 | 先(さき)ほど 조금 전에 | 配(くば)る 나눠주다 | お+동사 ます형+する ~하다(겸양 표현) | ~に沿(そ)って ~에 따라, ~에 부응해서 | ~はもとより ~은(는) 물론이고 | ~にかけては ~에 관해서는, ~에 있어서는 | ~にあたって ~에 즈음해서, ~함에 있어서

⓬ [정답] ④

[해석] 하루에 4시간밖에 자지 않고 공부했으니까 합격하는 것으로 정해져 있다(합격하는 게 당연하다).

[어휘] ~に決(き)まっている 반드시 ~이다, ~인 것이 당연하다 | 동사 기본형 + 一方(いっぽう)だ 점점 더 ~해지다, ~일 뿐이다 | ~わけがない ~일 리가 없다 | ~とは限(かぎ)らない ~인 것은 아니다, ~라고는 볼 수 없다

문제 8 문장 완성 ··· 152쪽

❶ [정답] ④

[해석] 그녀는 백화점에서 몹시 망설인 끝에 결국 아무 것도 사지 않았다.

[어휘] さんざん 몹시 | 迷(まよ)う 망설이다 | 동사 た형+あげく(に) ~한 끝에 | 結局(けっきょく) 결국

❷ [정답] ①

[해석] 그 문제는 사장님에게 물어보지 않으면 아무 것도 대답할 수 없습니다.

[어휘] ~てからでないと ~한 후가 아니면, ~하지 않으면 | 答(こた)える 대답하다

❸ [정답] ③

[해석] 이번 거래가 순조롭게 진행된 것은 모두 상사의 지원이 있었기 때문인 것이다.

[어휘] 今回(こんかい) 이번 | 取引(とりひき) 거래 | うまくいく 순조롭게 진행되다 | 全(すべ)て 모두 | 上司(じょうし) 상사 | サポート 지원 | ~にほかならない (바로) ~이다, ~인 것이다

❹ [정답] ①

[해석] 결혼한 이래 일과 가사에 쫓기는 매일이 이어지고 있다.

[어휘] 結婚(けっこん) 결혼 | ~て以来(いらい) ~한 이래, ~한 이후 | 家事(かじ) 가사 | 追(お)う 쫓다 | 毎日(まいにち) 매일 | 続(つづ)く 이어지다, 계속되다

❺ [정답] ①

[해석] 관객은 영화가 끝나자마자 영화관을 나왔다.

[어휘] 観客(かんきゃく) 관객 | ~か~ないかのうちに ~하자마자, 채 ~되기도 전에 | 出(で)る 나오다, 나가다

문제9 문맥 이해 153쪽

[해석] 대학 수험에서 지망하는 학교 수험을 단념했다. 센터시험에서 생각처럼 점수를 받지 못해 마음이 약해져 시험을 볼 학교를 변경했다. 진학 후 ❶ 즐겁게 생활하면서도 마음 어딘가에서 개운하지 않은 마음이 남아 있었다. 원인을 생각해 보니 도전하지 않았던 것에 대한 후회라고 깨달았다. 실패를 두려워해 성공할 가능성이 높은 쪽으로 도망쳐 버린 자신의 나약함을 극복하고 싶어 대학생활을 즐기는 ❷ 한편으로 간병복지사 시험 합격을 목표로 공부에 힘썼다. 결과는 아깝게도 불합격이었지만 ❸ 결코 실패라고는 생각하지 않는다. 왜냐하면 ❹ 목표를 정한 이상은 성공할 때까지 노력하면 되기 때문이다. 그렇게 하기 위한 끈기를 나는 가지고 있다. 지금은 ❺ 실패를 두려워해 가능성을 버리는 것이 오히려 실패라고 생각하며 앞으로도 적극적으로 도전해 갈 생각이다.

[어휘] 受験 수험, 입시 | 志望校 지망하는 학교 | 断念する 단념하다 | センター試験 센터시험 | 思うように 생각처럼 | 弱気になる 마음이 약해지다 | 変更する 변경하다 | 동사 ます형+つつも ~하면서도 | もやもや 마음이 답답하고 개운하지 않은 모양 | 挑戦する 도전하다 | 気付く 깨닫다, 알아차리다 | 恐れる 두려워하다 | 可能性 가능성 | 逃げる 도망치다, 달아나다 | 弱さ 약함, 나약함 | 克服する 극복하다 | ~一方(で) ~하는 한편(으로) | 介護福祉士 간병복지사 | 目指す 목표로 하다 | 励む 힘쓰다 | 惜しい 아깝다, 애석하다 | 決して 결코 | なぜなら 왜냐하면 | ~からには ~한 이상은 | 頑張る 분발하다, 노력하다 | 粘り強さ 끈기 | むしろ 오히려 | 今後 금후, 앞으로 | 積極的に 적극적으로 | 동사 기본형+つもりだ ~할 생각이다

---

❶ [정답] ①

[해석] ① 즐겁게 생활하면서도

② 기쁜 나머지

③ 우울한 나날을 보내면서도

④ 좀처럼 대학생활에 적응하지 못한 반면

[어휘] 嬉しさ 기쁨 | 형용사 명사형+のあまり ~한 나머지 | 憂うつだ 우울하다 | 日々 나날 | なかなか 좀처럼 | 馴染む 친숙해지다, 익숙해지다 | ~反面 ~인 반면

❷ [정답] ①

[해석] ① ~하는 한편으로

② ~하는 한

③ ~라고 해서

④ ~함에 따라서

[어휘] ~限り ~하는 한 | ~からといって ~라고 해서 | ~に従って ~함에 따라서

❸ [정답] ②

[해석] ① 떨어지길 잘했다고 생각한다

② 결코 실패라고는 생각하지 않는다

③ 이제 도전하는 걸 포기하기로 했다

④ 실패하는 게 당연하다고 생각했다

[어휘] 落(お)ちる 떨어지다 ˌ もう 이제 ˌ 諦(あきら)める 포기하다, 단념하다 ˌ 当(あ)たり前(まえ)だ 당연하다

❹ [정답] ④

[해석] ① 목표부터가

② 목표에 반해

③ 목표에 따라서는

④ 목표를 정한 이상은

[어휘] ~からして (우선) ~부터가 ˌ ~に反(はん)して ~에 반해서, ~와(과)는 반대로 ˌ ~次第(しだい)で(は) ~에 따라서(는)

❺ [정답] ③

[해석] ① 뭐든지 도전하는 것

② 성공할 가능성을 생각하는 것

③ 실패를 두려워해 가능성을 버리는 것

④ 자신의 한계를 확실하게 인식하는 것

[어휘] 何(なん)でも 뭐든지 ˌ 限界(げんかい) 한계 ˌ はっきり 확실히, 확실하게

JLPT N1 문법

문제 5 문법형식 판단 .... 154~155쪽

❶ [정답] ②

[해석] 골든위크라서 어느 가게나 아침부터 붐비고 있었다.

[어휘] ゴールデンウィーク 골든위크 ㅣ ～とあって ~라서, ~이기 때문에 ㅣ 混む 붐비다, 혼잡하다 ㅣ ～として ~로써 ㅣ ～にあって ~에, ~이어서 ㅣ ～にして ~에게도

❷ [정답] ①

[해석] 교통규칙 위반자는 법률에 입각해 처벌 받는다.

[어휘] ルール 규칙 ㅣ 違反者 위반자 ㅣ 法律 법률 ㅣ ～に即して ~에 입각해서, ~에 따라서 ㅣ 処罰 처벌 ㅣ ～までして ~까지 해서 ㅣ ～にもまして ~보다 더 ㅣ ～にひきかえ ~와(과)는 반대로

❸ [정답] ④

[해석] 여러분께 보고 겸 알려드립니다.

[어휘] 報告 보고 ㅣ ～かたがた ~할 겸 ㅣ 知らせる 알려주다 ㅣ 申し上げる 말씀드리다 ㅣ ～手前 ~한 주제라서, ~했기 때문에 ㅣ ～ゆえに ~때문에 ㅣ ～の至り ~의 극치, 정말 ~함

❹ [정답] ①

[해석] 아무리 뛰어서 간다고 해도 절대로 시간에 맞추지 못할 것이다.

[어휘] どんなに 아무리 ㅣ ところで ~라고 해도 ㅣ 絶対に 절대로 ㅣ 間に合う 시간에 대다, 시간에 맞추다 ㅣ ～ともなると ~정도 되면 ㅣ ～ともなく 특별히 ~할 생각도 없이 ㅣ ～にかこつけて ~을(를) 핑계로

❺ [정답] ③

[해석] 부모는 자기 아이의 장래를 기대해 마지않는 법이다(진심으로 기대하는 법이다).

[어휘] ～てやまない ~해 마지않다, 진심으로 ~하다 ㅣ ～ものだ ~인 법이다

❻ [정답] ③

[해석] 그 사람은 뭘 하더라도 오래가지 않는다. 영어 공부도 10분으로 졸기 시작하는 지경이다.

[어휘] 長続き 오래 계속됨 ㅣ 居眠り 앉아서 졺, 말뚝잠 ㅣ 始末だ ~지경이다, ~모양이다 ㅣ 始終 시종, 항상

❼ [정답] ①

[해석] 그 사람은 상당히 피곤했는지 침대에 들어가자마자 바로 잠들어 버렸다.

[어휘] 相当 상당히 ㅣ 동사 기본형+が早いか ~하자마자 ㅣ 寝付く 잠들다 ㅣ ～かいもなく ~한 보람도 없이 ㅣ ～ともなると ~쯤 되면, ~정도 되면 ㅣ ～なくして(は) ~없이(는)

❽ [정답] ④

[해석] 그 가수 콘서트는 도쿄를 시작으로 전국 15개 도시를 돌기로 되어 있다.

[어휘] ～を皮切りに ~을(를) 시작으로 ㅣ 回る 돌다 ㅣ ～ことになっている ~하기로 되어 있다 ㅣ ～をおいて ~을(를) 제외하고 ㅣ ～を押して ~을(를) 무릅쓰고 ㅣ ～を踏まえて ~을(를) 토대로, ~을(를) 기반으로

❾ [정답] ③

[해석] 그 사람 실력으로 보아 그 시험에 합격해도 놀랄 필요는 없습니다.

[어휘] ～からいって ~로 보아 ㅣ 驚く 놀라다 ㅣ ～には当たらない ~할 필요는 없다, ~할 정도는 아니다 ㅣ 望む 바라다, 원하다 ㅣ たまる 참다, 견디다 ㅣ 極まる 극도에 달하다, 끝나다

❿ [정답] ②

[해석] 미성년이라고 해도 죄를 저질렀다면 벌을 줘야 한다.

[어휘] 未成年 미성년 ㅣ ～といえども ~라고 해도 ㅣ 罪を犯す 죄를 저지르다 ㅣ 罰を与える 벌을 주

다 | 동사 기본형+べきだ ~해야 한다 | ~あっての ~이(가) 있기에 가능한, ~이(가) 있고서의 | ~をもって ~로, ~을(를) 이용해서 | ~いかんでは ~여하에 따라서는

문제 6 문장 완성 ······ 156쪽

❶ [정답] ②

[해석] 우리 애로 말하자면 일단 게임을 시작했다 하면 밥도 먹지 않고 몰두해 버린다.

[어휘] ~ときたら ~로 말하자면 | 동사 た형+が最後(さいご) (일단) ~했다 하면 | ~ずに ~하지 않고 | 没頭(ぼっとう)する 몰두하다

❷ [정답] ①

[해석] 독신생활을 시작한 후 인스턴트 식품만 먹고 있다.

[어휘] 一人暮(ひとりぐ)らし 독신생활 | ~てからというもの ~한 후, ~하고 부터는 | インスタント食品(しょくひん) 인스턴트 식품 | ~ばかり ~만, ~뿐

❸ [정답] ③

[해석] 증세가 국민에게 큰 부담이 될 것이라는 건 이해하기에 어렵지 않다.

[어휘] 増税(ぞうぜい) 증세 | ~にとって ~에 있어 | 負担(ふたん) 부담 | ~にかたくない ~하기에 어렵지 않다

❹ [정답] ②

[해석] 우리 아들은 세탁하자마자 바로 옷을 더럽혀서 큰일이다.

[어휘] 洗濯(せんたく)する 세탁하다 | ~そばから ~하자마자 바로, ~하자마자 금세 | 汚(よご)す 더럽히다

❺ [정답] ②

[해석] 대형 태풍의 접근으로 어쩔 수 없이 여행을 중지하게 되었다.

[어휘] 大型(おおがた) 대형 | 接近(せっきん) 접근 | ~を余儀(よぎ)なくされる 어쩔 수 없이 ~하게 되다

[해석] 양복부터 자동차, 건설 자재에 이르기까지 플라스틱은 우리들 생활의 모든 장면에서 이용되고 있다고 해도 1 과언은 아니다. 그러나 플라스틱의 대부분은 '잠시 쓰고 버려'지고 있으며 이용 후 제대로 처리되지 못하고 환경 속에 유출되어 버리는 경우도 적지 않다. 요컨대 손쉽게 2-a 사용할 수 있는 만큼 손쉽게 2-b 버려져 버리는 3 경향이 있는 것이다. 그리고 환경 속에 유출된 플라스틱의 대부분이 최종적으로 도달하는 장소가 바다다. 이러한 대량의 플라스틱 쓰레기는 이미 바다 생태계에 막대한 영향을 주고 있고 이대로라면 앞으로 4 점점 악화되어 가게 된다. 한 번 방출된 플라스틱 쓰레기는 쉽게는 자연 분해되지 않고 대부분이 수백 년 이상 동안 계속 남는다고 한다. 많은 플라스틱 제품을 생산, 소비하고 있는 일본도 이 문제와 관계가 없는 건 아니다. 국제적으로도 큰 책임을 가진 나라 중에 하나로써 이 해양 플라스틱 문제 해결을 위해 5 시급히 대응해 갈 필요가 있다.

[어휘] 資材(しざい) 자재 | 至る(いたる) 이르다 | プラスチック 플라스틱 | あらゆる 모든 | 場面(ばめん) 장면 | 過言(かごん) 과언 | 多く(おおく) 많음, 대부분 | 使い捨て(つかいすて) 잠시 쓰고 버리는 것 | きちんと 제대로, 확실히 | 要するに(ようするに) 요컨대 | 手軽に(てがるに) 손쉽게 | ~分(ぶん) ~인 만큼 | 捨てる(すてる) 버리다 | ~きらいがある ~인 경향이 있다 | ほとんど 거의, 대부분 | 最終的に(さいしゅうてきに) 최종적으로 | 行き着く(いきつく) 다다르다, 도달하다 | 大量(たいりょう) 대량 | 既に(すでに) 이미, 벌써 | 生態系(せいたいけい) 생태계 | 甚大だ(じんだいだ) 심대하다, 막대하다 | 影響を与える(えいきょうをあたえる) 영향을 주다 | このまま 이대로 | 今後(こんご) 금후, 앞으로 | ますます 점점 | ~ことになる ~하게 되다 | 放出(ほうしゅつ) 방출 | 容易(ようい) 용이, 쉬움 | 自然分解(しぜんぶんかい) 자연 분해 | 동사 ます형+続ける(つづける) 계속 ~하다 | 無関係(むかんけい) 무관계, 관계가 없음 | ~として ~로써 | ~に向けて(むけて) ~을(를) 위해 | 早急に(そうきゅうに) 매우 급히, 시급히

---

❶ [정답] ①

[해석] ① 과언은 아니다
② 과장된 이야기다
③ 큰 반발을 초래할 것임에 틀림없다
④ 결코 사실은 아닐 것이다

[어휘] おおげさだ 과장되다 | 反発(はんぱつ) 반발 | 招く(まねく) 초래하다 | ~に違いない(ちがいない) ~임에 틀림없다 | 決して(けっして) 결코

❷ [정답] ②

[해석] ① a 팔리는 / b 살 수 있어
② a 사용할 수 있는 / b 버려져
③ a 만들 수 있는 / b 팔려
④ a 사용할 수 있는 / b 받아져

[어휘] もらう 받다

❸ [정답] ②

[해석] ① ~할 가치가 있다

② 경향이 있다

③ ~하기 짝이 없다

④ 너무 ~하다

[어휘] ～にたえる ~할 가치가 있다, ~할 만 하다 | 명사+きわまりない ~하기 짝이 없다, 지나치게 ~하다 | ～といったらない 정말 ~하다, ~하기 짝이 없다

❹ [정답] ②

[해석] ① 악화되는 건 아니다

② 점점 악화되어 가게 된다

③ 서서히 개선되어 가게 된다

④ 개선될 가능성이 높다고 말할 수 있다

[어휘] ～とは限(かぎ)らない ~인 것은 아니다, ~라고는 볼 수 없다 | 徐々(じょじょ)に 서서히 | 改善(かいぜん) 개선 | 可能性(かのうせい) 가능성

❺ [정답] ①

[해석] ① 시급히 대응해 갈

② 자원개발에 힘을 쏟을

③ 경제 규모를 확대할

④ 플라스틱의 생산량을 늘릴

[어휘] 資源(しげん) 자원 | 開発(かいはつ) 개발 | 力(ちから)を注(そそ)ぐ 힘을 쏟다 | 経済(けいざい) 경제 | 規模(きぼ) 규모 | 拡大(かくだい) 확대 | 生産量(せいさんりょう) 생산량 | 増(ふ)やす 늘리다

JPT 독해

V. 정답 찾기 .... 158~159쪽

101 [정답] Ⓓ

[해석] 우리 집은 역에서 조금 멀어 불편합니다.

[어휘] 遠い(とおい) 멀다 | 不便だ(ふべんだ) 불편하다

102 [정답] Ⓐ

[해석] 그 건은 오늘 중에 대답을 할 생각입니다.

[어휘] 件(けん) 건 | 今日中に(きょうじゅうに) 오늘 중에 | 返事(へんじ) 대답 | 동사 기본형+つもりだ ~할 생각이다

103 [정답] Ⓑ

[해석] 이 사이트에는 여러 가지 구인정보가 실려 있다.

[어휘] サイト 사이트 | 様々(さまざま) 여러 가지 | 求人(きゅうじん) 구인 | 情報(じょうほう) 정보 | 載る(のる) 실리다

104 [정답] Ⓐ

[해석] 거스름돈을 재해를 당한 지역의 사람들을 위해 기부했다.

[어휘] お釣り(おつり) 거스름돈 | 被災地(ひさいち) 재해를 당한 지역 | 人々(ひとびと) 사람들 | ~のために ~을(를) 위해 | 寄付する(きふする) 기부하다

105 정답] Ⓒ

[해석] 그녀는 유서 있는 집안 출신이다.

[어휘] 由緒(ゆいしょ) 유서 | 家柄(いえがら) 집안, 가문 | 出身(しゅっしん) 출신

106 [정답] Ⓐ

[해석] 이 비밀이 누설될 가능성은 매우 낮다.

[어휘] 漏れる(もれる) 새다, 누설되다 | 暮れる(くれる) 저물다 | 倒れる(たおれる) 쓰러지다, 넘어지다 | 遅れる(おくれる) 늦어지다

107 [정답] Ⓒ

[해석] 원래 아시아 여러 나라 사람들은 곡물 섭취가 많았다.

[어휘] もともと 원래 | アジア 아시아 | 諸国(しょこく) 여러 나라 | 穀物(こくもつ) 곡물 | 摂取(せっしゅ) 섭취

108 [정답] Ⓑ

[해석] 그녀는 아나운서 양성학교에서 가르치고 있다.

[어휘] アナウンサー 아나운서 | 養成(ようせい) 양성 | 要請(ようせい) 요청 | 陽性(ようせい) 양성 | 養育(よういく) 양육

109 [정답] Ⓑ

[해석] 이 보고서는 구성이 잘 되어 있다.

[어휘] レポート 보고서 | 構成(こうせい) 구성 | よく 잘, 자주 | できる 만들어지다 | 更正(こうせい) 경정, 새롭게 정정함 | 厚生(こうせい) 후생 | 後生(こうせい) 후생

110 [정답] Ⓐ

[해석] 오늘은 낮이 1년 중에 가장 긴 하지다.

[어휘] 夏至(げし) 하지

111 [정답] Ⓐ

[해석] 회사까지는 전철로 통근하고 있습니다.

Ⓐ 다니고 있습니다

Ⓑ 간 적이 있습니다

Ⓒ 자주 합니다

Ⓓ 가지고 있습니다

[어휘] 通勤する(つうきんする) 통근하다 | 通う(かよう) 다니다 | 동사 た형+ことがある ~한 적이 있다 | 持つ(もつ) 가지다, 들다

112 [정답] Ⓒ

[해석] 나카무라 선생님은 오셨습니까?

Ⓐ 왔습니까

Ⓑ 말씀하셨습니까

Ⓒ 오셨습니까

Ⓓ 하셨습니까

[어휘] お見えになる(おみえになる) 오시다 | まいる '오다'의 겸양어 | おっしゃる 말씀하시다 | お越しになる(おこしになる) 오시다 | なさる 하시다

113 [정답] Ⓐ

[해석] 그 문제는 저 혼자만의 생각으로는 대답하기 힘듭니다.

Ⓐ 대답할 수 없습니다

Ⓑ 대답합니다

Ⓒ 대답하고 싶습니다

Ⓓ 대답할 것임에 틀림없습니다

[어휘] 一存(いちぞん) 혼자만의 생각 ˎ 동사 ます형+かねる ~하기 어렵다, ~할 수 없다 ˎ ~に相違(そうい)ない ~임에 틀림없다

114 [정답] Ⓑ

[해석] 어제 우연히 고등학교 시절 동급생을 만났다.

Ⓐ 반드시

Ⓑ 우연히

Ⓒ 듬뿍

Ⓓ 당장

[어휘] 偶然(ぐうぜん) 우연히 ˎ 同級生(どうきゅうせい) 동급생 ˎ 必(かなら)ずしも 반드시 ˎ たまたま 우연히 ˎ たっぷり 듬뿍 ˎ 直(ただ)ちに 당장, 즉시

115 [정답] Ⓑ

[해석] 시골 하늘에는 매우 많은 숫자의 별이 빛나고 있었다.

Ⓐ 몇 안 되는

Ⓑ 무수한

Ⓒ 생각했던 것보다 많은

Ⓓ 세어서는 안 되는

[어휘] 田舎(いなか) 시골 ˎ 夥(おびただ)しい 매우 많다 ˎ 数少(かずすく)ない 몇 안 되는 ˎ 無数(むすう) 무수 ˎ 数(かぞ)える 세다 ˎ ~てはならない ~해서는 안 된다

116 [정답] Ⓒ

[해석] 장마가 시작되어 습도가 높은 날들이 이어지고 있다.

Ⓐ 바삭바삭한

Ⓑ 주뼛주뼛한

Ⓒ 끈적끈적한

Ⓓ 느릿느릿한

[어휘] 梅雨入(つゆい)り 장마가 시작됨 ˎ 湿度(しつど) 습도 ˎ 日々(ひび) 날들 ˎ 続(つづ)く 이어지다, 계속되다 ˎ からから 바삭바삭 ˎ おどおど 주뼛주뼛 ˎ じめじめ 끈적끈적 ˎ のろのろ 느릿느릿

117 [정답] Ⓐ

[해석] 이 주변에도 새 집이 많이 생겼다.

Ⓐ 급한 용무가 생겨 영화를 보러 갈 수 없게 되어 버렸다.

Ⓑ 혼자서 충분히 할 수 있다고 말한 주제에 이 모양이다.

Ⓒ 야마다 군은 공부를 잘하고 유머도 있어 학생들 사이에서 인기가 있다.

Ⓓ 저 건물은 벽이 나무로 만들어져 있어 상당히 정취가 있다.

[어휘] 周辺(しゅうへん) 주변 ˎ できる 생기다 ˎ 急用(きゅうよう) 급한 용무 ˎ 十分(じゅうぶん) 충분히 ˎ ~くせに ~인 주제에 ˎ ~始末(しまつ)だ ~지경이다, ~모양이다 ˎ 勉強(べんきょう)ができる 공부를 잘하다 ˎ ユーモア 유머 ˎ 生徒(せいと) 학생 ˎ 壁(かべ) 벽 ˎ なかなか 상당히 ˎ 趣(おもむき) 정취, 운치

118 [정답] Ⓒ

[해석] 나도 그 사람처럼 일본어가 능숙해지고 싶다.

Ⓐ 하늘에 떠 있는 구름은 마치 솜처럼 보였다.

Ⓑ 그 사람에게 내일은 7시까지 오라고 전해 주십시오.

Ⓒ 체조처럼 채점을 기다리는 종목은 좋아하지 않는다.

Ⓓ 밤에 호수에 비치는 달은 그림처럼 아름다웠다.

[어휘] ~ように ~처럼 ˎ 体操(たいそう) 체조 ˎ 採点(さいてん) 채점 ˎ 種目(しゅもく) 종목 ˎ ~までに ~까지(최종 기한) ˎ 伝(つた)

える 전하다, 전달하다 ꒐ 浮(う)かぶ 뜨다 ꒐ まるで 마치 ꒐ 綿(わた) 솜 ꒐ 湖(みずうみ) 호수 ꒐ 映(うつ)る 비치다

119 [정답] Ⓐ

[해석] 항상 변함없는 배려, 감사합니다.

Ⓐ 여기에는 옛날 그대로의 집들이 아직 많이 남아 있습니다.

Ⓑ 아버지는 항상 텔레비전을 보면서 저녁을 먹습니다.

Ⓒ 상처받을 거라고 알고 있지만 그만 말해 버렸습니다.

Ⓓ 유감스럽게도 그와 같은 주장에는 찬성하기 힘듭니다.

[어휘] いつもながら 항상 변함없이 ꒐ 心遣(こころづか)い 배려 ꒐ 昔(むかし)ながら 옛날 그대로 ꒐ 家並(いえな)み 집이 즐비함 ꒐ 傷付(きずつ)く 상처받다 ꒐ つい 그만, 나도 모르게 ꒐ 残念(ざんねん)ながら 유감스럽게도 ꒐ 主張(しゅちょう) 주장 ꒐ 賛成(さんせい)する 찬성하다 ꒐ 동사 ます형+かねる ~하기 힘들다, ~할 수 없다

120 [정답] Ⓓ

[해석] 이 지역의 빈집털이도 머지않아 꼬리가 잡혀 체포될 것이다.

Ⓐ 어느 쪽이 이겨도 나와는 관계없다.

Ⓑ 이번 그 사람의 작품은 어느 쪽도(모두) 멋진 것들뿐이다.

Ⓒ 어느 경우에도 우리들이 불리한 건 확실하다.

Ⓓ 이렇게 불경기가 계속 되어서는 저 회사도 머지않아 도산해 버릴 것이다.

[어휘] 地域(ちいき) 지역 ꒐ 空(あ)き巣(す) 빈집털이 ꒐ いずれ 머지않아 ꒐ 足(あし)が付(つ)く (범인 등의) 꼬리가 잡히다 ꒐ 捕(つか)まる 체포되다 ꒐ 勝(か)つ 이기다 ꒐ 見事(みごと)だ 멋지다, 훌륭하다 ꒐ 不利(ふり)だ 불리하다 ꒐ 確(たし)かだ 확실하다 ꒐ 不景気(ふけいき) 불경기 ꒐ 潰(つぶ)れる 도산하다, 파산하다

VI. 오문 정정 ········ 160~161쪽

121 [정답] Ⓑ 寒(さむ)いでした → 寒(さむ)かったです

[해석] 어제는 아침부터 매우 추웠기 때문에 하루 종일 집에 있었습니다.

[어휘] 一日中(いちにちじゅう) 하루 종일

122 [정답] Ⓐ 閉(し)める → 消(け)す

[해석] 오늘 아침 에어컨을 끄는 걸 잊어버리고 집을 나와 버린 듯한 느낌이 든다.

[어휘] 今朝(けさ) 오늘 아침 ꒐ エアコン 에어컨 ꒐ 閉(し)める 닫다 ꒐ 消(け)す 끄다 ꒐ ~ような ~인 듯한 ꒐ 気(き)がする 느낌이 들다, 생각이 들다

123 [정답] Ⓒ あいにく → 絶対(ぜったい)

[해석] 이 카드가 없으면 시설을 이용할 수 없으므로 절대로 잃어버리지 마십시오.

[어휘] 施設(しせつ) 시설 ꒐ あいにく 공교롭게도 ꒐ 絶対(ぜったい) 절대로 ꒐ なくす 잃어버리다

124 [정답] Ⓑ 浴(あ)びんで → 浴(あ)びて

[해석] 저는 항상 아침에 일어나 샤워를 한 후에 아침 준비를 하고 있습니다.

[어휘] シャワーを浴(あ)びる 샤워를 하다 ꒐ 支度(したく) 준비

125 [정답] Ⓒ かったら → 掻(か)いたら

[해석] 모기에 물린 곳이 가려웠기 때문에 긁었더니 더 가려워져 버렸다.

[어휘] 蚊(か)に刺(さ)される 모기에 물리다 ꒐ かゆい 가렵다 ꒐ 掻(か)く 긁다 ꒐ もっと 더, 더욱

126 [정답] Ⓒ 少(すく)ないとも → 少(すく)なくとも

[해석] 사법시험에 합격하기 위해서는 하루에 적어도 10시간 이상은 공부해야 한다고 생각한다.

[어휘] 司法試験(しほうしけん) 사법시험 ꒐ ~に受(う)かる ~에 합격하다 ꒐ 一日(いちにち)に 하루에 ꒐ 少(すく)なくとも 적어도 ꒐ 동사 기본형+べきだ ~해야 한다

127 [정답] Ⓓ わけにはない → わけがない

[해석] 이런 무책임한 주장으로 상대가 납득할 리가 없을 것이다.

[어휘] いい加減 적당함, 무책임함 | 主張 주장 | 相手 상대 | 納得 납득 | ~わけがない ~일 리가 없다

128 [정답] Ⓓ 限り → どころ

[해석] 새 프로젝트 때문에 매일 야근이 계속돼 회식을 할 상황이 아니었다.

[어휘] プロジェクト 프로젝트 | ~のために ~때문에 | 残業続き 야근이 계속됨 | 飲み会 회식 | ~どころではない ~할 상황이 아니다

129 [정답] Ⓒ しざるを得ない → せざるを得ない

[해석] 정규멤버의 잇따른 부상으로 나도 출장하지 않을 수 없는 입장이 되어 버렸다.

[어휘] レギュラーメンバー 정규멤버 | 相次ぐ 잇따르다 | 負傷 부상 | 出場 출장 | 동사 ない형+ざるを得ない ~하지 않을 수 없다 | 立場 입장

130 [정답] Ⓐ 都合 → 調子

[해석] 최근 몸 상태가 아무래도 좋지 않기 때문에 내일 병원에 가 볼 생각입니다.

[어휘] 都合 사정 | 調子 상태 | 優れる 뛰어나다

131 [정답] Ⓓ 精算して → 精算

[해석] 이 서비스를 이용하시는 분은 오후 3시까지 정산해 주십시오.

[어휘] 方 분 | 精算 정산 | ご+한자어+ください ~해 주십시오(존경 표현)

132 [정답] Ⓑ 従って → わたって

[해석] 이 상품은 오랜 세월에 걸쳐 연구를 거듭한 결과 만들어진 상품입니다.

[어휘] 商品 상품 | 長年 오랜 세월 | 従う 따르다 | ~にわたって ~에 걸쳐 | 研究 연구 | 重ねる 거듭하다 | 生み出す 만들어내다

133 [정답] Ⓓ ありのつぶて → 梨のつぶて

[해석] 10년만의 동창회 개최 엽서를 보냈지만 유감스럽게도 반수는 전혀 연락이 없었다.

[어휘] ~ぶり ~만의 | 同窓会 동창회 | 開催 개최 | 葉書 엽서 | 梨のつぶて 편지를 보내도 상대편에서 전혀 연락이 없음

134 [정답] Ⓐ 間 → うちは

[해석] 어릴 동안은 밤에 혼자서 밖에 나가는 게 무서워 집에서 텔레비전을 보면서 지내는 경우가 많았다.

[어휘] 幼い 어리다 | 동사 ます형+ながら ~하면서 | 過ごす 지내다, 보내다

135 [정답] Ⓑ っぽい → できない

[해석] 그 나라의 민족분쟁은 쉽게 해결할 수 없다고 생각하지만 평화적 해결을 위한 노력이 필요하다.

[어휘] 民族 민족 | 紛争 분쟁 | 容易に 용이하게, 쉽게 | 解決 해결 | 平和的 평화적

136 [정답] Ⓑ かたわらに → かたわら

[해석] 그 사람은 책의 저자로서 책을 쓰는 한편 주말에는 자원봉사 활동도 하고 있다고 한다.

[어휘] 著者 저자 | ~として ~로서 | 本を書く 책을 쓰다 | ~かたわら ~하는 한편 | ボランティア 자원봉사

137 [정답] Ⓒ 先 → 的

[해석] 이것은 최근 젊은 사람들 사이에서 주목의 대상이 되고 있는 상품이다.

[어휘] 間 사이 | 注目の的 주목의 대상

138 [정답] Ⓑ 所在ある → 所在ない

[해석] 시간보다도 일찍 도착해 버려 무료함을 때우기 위해 회장 주변을 어슬렁거렸다.

[어휘] 所在(しょざい)ない 할 일이 없어 심심하다, 무료하다 ˌ ごまかす 속이다, 어물어물 넘기다 ˌ うろうろ 어슬렁어슬렁

139 [정답] © くねくね → ぐずぐず

[해석] 설령 생각대로 되지 않는 일이라고 해도 우물쭈물하지 않고 긍정적으로 생각하는 게 중요하다.

[어휘] たとえ 설사, 설령 ˌ 思(おも)い通(どお)りに 생각대로 ˌ ～であれ ~라도, ~라고 해도 ˌ くねくね 구불구불 ˌ 前向(まえむ)き 긍정적임

140 [정답] © 据(す)えかねなくて → 据(す)えかねて

[해석] 그 사람의 건방진 태도를 도무지 참을 수 없어 한 마디 하지 않고는 있을 수 없었다.

[어휘] 横柄(おうへい)だ 건방지다 ˌ 態度(たいど) 태도 ˌ どうにも 도무지 ˌ 腹(はら)に据(す)えかねる (화를) 참을 수 없다 ˌ 一言(ひとこと) 한 마디 ˌ ～ずにはいられない ~하지 않고는 있을 수 없다

VII. 공란 메우기 .... 162~166쪽

141 [정답] Ⓐ

[해석] 저 멋진 자동차는 당신의 것(차)입니까?

[어휘] 素敵(すてき)だ 멋지다, 훌륭하다

142 [정답] Ⓑ

[해석] 저는 일주일에 한 번 피아노를 배우러 가고 있습니다.

[어휘] ～回(かい) ~번 ˌ 동사 ます형+に ~하러

143 [정답] Ⓓ

[해석] 좋은 대학에 합격해서 어머니를 기쁘게 해 드리고 싶다.

[어휘] 喜(よろこ)ばせる 기쁘게 하다

144 [정답] Ⓐ

[해석] 저는 매운 음식을 싫어합니다.

[어휘] 辛(から)い 맵다 ˌ 嫌(きら)いだ 싫어하다

145 [정답] Ⓐ

[해석] 주말에는 친구와 테니스를 치는 경우도 있습니다.

[어휘] テニスをする 테니스를 치다

146 [정답] ©

[해석] 여행을 간 셈 치고 그 돈은 저금하기로 했다.

[어휘] 동사 た형+つもりで ~한 셈 치고, ~했다고 생각하고 ˌ 貯金(ちょきん)する 저금하다 ˌ ～ことにする ~하기로 하다

147 [정답] Ⓓ

[해석] 아직 필요하니까 이건 버리지 말아 주십시오.

[어휘] 捨(す)てる 버리다 ˌ 拾(ひろ)う 줍다

148 [정답] Ⓓ

[해석] 혼자서 이 일을 전부 떠안고 있다니 그건 난센스예요.

[어휘] 抱(かか)え込(こ)む 끌어안다, 떠맡다 ˌ ナンセンス 난센스, 터무니없음 ˌ セオリー 이론

149 [정답] Ⓓ

[해석] 수업 중에 떠들어 선생님에게 야단맞아 버렸다.

[어휘] 騒(さわ)ぐ 떠들다 ˌ 叱(しか)る 꾸짖다, 야단치다 ˌ 舞(ま)う 춤추다, 날다 ˌ 振(ふ)るう 휘두르다

150 [정답] Ⓐ

[해석] 숨기고 싶은 비밀일수록 바로 알려져 버리는 법이다.

[어휘] 隠(かく)す 숨기다 ˌ ～ほど ~일수록 ˌ 知(し)られる 알려지다 ˌ 동사 기본형+ものだ ~인 법이다

151 [정답] Ⓐ

[해석] 모처럼 사장님과 직접 이야기할 기회가 있었지만 긴장해 제대로 말할 수 없었다.

[어휘] せっかく 모처럼 ˌ 直接(ちょくせつ) 직접 ˌ 機会(きかい) 기회 ˌ 緊張(きんちょう)する 긴장하다 ˌ ろくに 제대로, 변변히

152 [정답] ⓒ

[해석] 그 사람과는 졸업한 후 한 번도 만나지 않았다.

[어휘] 卒業(そつぎょう)する 졸업하다 · 동사 た형+きり ~한 후, ~한 후로 · 一度(いちど)も 한 번도

153 [정답] ⓑ

[해석] 옛날에 일은 편하면 편할수록 좋다고 생각하고 있었다.

[어휘] ~なら~ほど ~하면 ~할수록

154 [정답] ⓒ

[해석] 그 아이는 이제 두 번 다시 하지 않겠다고 부모님에게 맹세했다.

[어휘] もう二度(にど)と 이제 두 번 다시 · 誓(ちか)う 맹세하다, 서약하다 · 踏(ふ)まえる 입각하다 · 供(そな)える 바치다 · 司(つかさど)る 맡다, 관리하다

155 [정답] ⓓ

[해석] 최근 일이 쌓여 있어 전혀 쉴 수 없다.

[어휘] たまる 쌓이다 · はまる 꼭 맞다, 빠지다 · 減(へ)る 줄다 · 憤(いきどお)る 분개하다, 성내다

156 [정답] ⓒ

[해석] 뭔가 사고라도 있었는지 아침부터 밖이 너무 시끄럽다.

[어휘] 事故(じこ) 사고 · 騒(さわ)がしい 시끄럽다 · 生々(なまなま)しい 생생하다 · じれったい 안타깝다 · 待(ま)ち遠(どお)しい 오래 기다리다

157 [정답] ⓑ

[해석] 최근 우리 회사는 이 기술의 실용화에 힘을 쏟고 있다.

[어휘] 技術(ぎじゅつ) 기술 · 実用化(じつようか) 실용화 · 力(ちから)を注(そそ)ぐ 힘을 쏟다 · 直(なお)す 고치다

158 [정답] ⓒ

[해석] 근무시간에 잡담만 하고 있지 말고 얼른 일을 하세요.

[어휘] 勤務(きんむ) 근무 · 雑談(ざつだん) 잡담 · ~ばかり ~만, ~뿐 · さっさと 얼른, 빨랑빨랑 · うんと 정도나 분량이 많은 모양, 몹시 · めっきり 뚜렷이, 현저히 · くっきり 또렷이, 선명하게

159 [정답] ⓒ

[해석] 요즘 재활용 운동이 주목을 받고 있다

[어휘] 近頃(ちかごろ) 요즘, 최근 · リサイクル 재활용 · 注目(ちゅうもく)を浴(あ)びる 주목을 받다 · 湧(わ)かす 끓게 하다 · 溢(あふ)れる 넘치다

160 [정답] ⓓ

[해석] 최근 일본에서도 학력 의존에서 벗어나려고 하고 있는 회사가 많다.

[어휘] 学歴(がくれき) 학력 · 依存(いぞん) 의존 · 抜(ぬ)け出(だ)す 벗어나다 · 経緯(けいい) 경위 · 分業(ぶんぎょう) 분업 · 慢心(まんしん) 자만심

161 [정답] ⓐ

[해석] 장시간의 강행군으로 녹초가 된 그 사람은 결국에는 쓰러져 버렸다.

[어휘] 長時間(ちょうじかん) 장시간 · 強行軍(きょうこうぐん) 강행군 · 疲(つか)れ果(は)てる 녹초가 되다 · 遂(つい)には 결국에는 · 立(た)ち所(どころ)に 당장, 즉시 · ともかく 어쨌든 · 何(なん)なりと 뭐든지

162 [정답] ⓐ

[해석] 굳이 말하자면 이 책은 아이용이다.

[어휘] 強(し)いて言(い)えば 굳이 말하자면 · 向(む)かい 맞은편, 건너편 · 偏(かたよ)り 치우침 · 迎(むか)え 마중

163 [정답] ⓑ

[해석] 그녀는 갑작스러운 소나기로 흠뻑 젖어 있었다.

[어휘] 突然(とつぜん) 돌연, 갑자기 · にわか雨(あめ) 소나기 · びっしょり 흠뻑 · 濡(ぬ)れる 젖다 · すんなり 날씬하게, 순조롭게 · ちゃっかり 약삭빠르게 · きっかり 꼭, 딱

164 [정답] Ⓐ

[해석] 유감스럽게도 저희 가게에서 그와 같은 상품은 취급하지 않습니다.

[어휘] 取り扱う 취급하다 | 取り組む 몰두하다 | 取り替える 교체하다 | 取り次ぐ 연결하다

165 [정답] Ⓐ

[해석] 이 이야기는 시의 적절하니까 다음 번 토론 의제로써 적당할 것이다.

[어휘] タイムリー 시의 적절함 | 次回 다음 번 | 討論 토론 | 議題 의제 | 適当だ 적당하다 | ジレンマ 딜레마 | アナウンス 방송 | ストラテジー 전략

166 [정답] Ⓑ

[해석] 지금 그 사람에게 필요한 것은 무슨 일이 일어나도 동요하지 않는 마음가짐일 것이다.

[어휘] 動じる 동요하다 | 心構え 마음가짐 | 待ち伏せ 매복하고 기다림 | 会釈 가볍게 인사함 | 会得 터득

167 [정답] Ⓐ

[해석] 만일의 경우에는 언제든지 괜찮으니까 저에게 연락해 주십시오.

[어휘] いざという時 만일의 경우 | いつでも 언제든지, 언제라도 | 今時 요즘 | かわたれ時 어슴새벽녘 | 潮時 적당한 때

168 [정답] Ⓒ

[해석] 나에게는 무슨 일이 있으면 바로 달려와 주는 남자친구가 있어 정말 마음 든든하다.

[어휘] すぐに 곧, 바로 | 駆け付ける 달려오다 | 心強い 마음 든든하다 | 名残惜しい 이별이 아쉽다 | 蒸し暑い 무덥다 | 用心深い 신중하다, 조심성이 많다

169 [정답] Ⓑ

[해석] 솔직히 나는 연금에 관해서는 아마추어다.

[어휘] 正直なところ 솔직히 | 素人 비전문인, 아마추어 | 仲人 중매쟁이 | 助っ人 조력자 | 狩人 사냥꾼

170 [정답] Ⓑ

[해석] 마음이 내키지 않았지만 부장님 부탁이라서 마지못해 맞선을 봤다.

[어휘] 気が進まない 마음이 내키지 않다 | 頼み 부탁 | ～とあって ~라서, ~이기 때문에 | しぶしぶ 마지못해 | お見合い 맞선 | ぱちぱち 깜박깜박 | どろどろ 질퍽질퍽 | がりがり 으드득으드득

(171~174)

[정답] 171 Ⓓ 172 Ⓒ 173 Ⓒ 174 Ⓓ

[해석] 유치원 때부터 매년 여름방학에는 가족끼리 해수욕을 하러 갔습니다. 해수욕장이 있는 바다까지는 항상 아버지 자동차로 갔습니다. 물이나 모래가 너무 깨끗한 바다였습니다. 해수욕장까지는 3시간이나 걸렸습니다만 그곳은 별로 알려져 있지 않은 듯 사람이 적어 느긋하게 보낼 수 있었습니다. 저는 매년 아버지가 휴가를 받아 주어 가족 6명이서 바다에 갈 수 있었던 게 매우 기뻤습니다. 그러나 중학생이 된 후로는 가족의 예정이 점점 맞지 않게 되어 어느 샌가 전원이서 가는 경우가 없어져 버려 조금 아쉬웠습니다. 그 후 10년 이상 지나 저도 어머니가 되었습니다. 아직 아들이 태어난 지 4개월밖에 지나지 않았습니다만 앞으로 남편과 저, 그리고 아들 세 명이서 매년 해수욕을 하러 가서 좋은 추억을 많이 만들고 싶습니다.

[어휘] 幼稚園(ようちえん) 유치원 ı 毎年(まいとし) 매년 ı 海水浴(かいすいよく) 해수욕 ı 海水浴場(かいすいよくじょう) 해수욕장 ı 砂(すな) 모래 ı かかる 걸리다 ı 知(し)られる 알려지다 ı ～ようだ ~인 것 같다 ı ゆっくり 느긋하게 ı 休(やす)みを取(と)る 휴가를 받다 ı だんだん 점점 ı いつの間(ま)にか 어느 샌가 ı なくなる 사라지다, 없어지다

あまり 그다지, 별로

(175~177)

[정답] 175 Ⓑ 176 Ⓒ 177 Ⓑ

[해석] 바로 얼마 전에 나는 친구와 싸워 버렸다. 그 싸움의 이유는 아주 사소한데 나와 야마다 군, 나카무라 군 세 명이서 그룹으로 항상 사이좋게 지내고 있었는데 나와 야마다 군이 너무 사이가 좋아져 나카무라 군이 외톨이가 되어 버렸던 것이다.

세간에서는 '싸움은 좋지 않은 것이다'라고 말하는 사람도 많지만 나는 가끔은 싸움도 좋다고 생각한다. 왜냐하면 싸우는 것으로 서로를 잘 이해할 수 있게 되기 때문이다. 싸운 나카무라 군과 화해한 후에는 그가 뭘 생각하고 있는지를 전보다도 잘 알 수 있게 되었고 나아가 우정이 깊어진 듯한 느낌이 들었다. '한 사람의 적도 만들지 않는 사람은 한 사람의 친구도 만들 수 없다'는 명언처럼 싸움이라는 건 좋은 친구를 만드는 데 어느 정도는 필요하다고 생각한다.

[어휘] つい 조금, 바로 ı 喧嘩(けんか) 싸움 ı ささいだ 사소하다 ı グループ 그룹 ı 仲良(なかよ)く 사이좋게 ı 동사 ます형+すぎる 너무 ~하다 ı 一人(ひとり)ぼっち 외톨이 ı 世間(せけん) 세간 ı たまには 가끔은 ı なぜなら 왜냐하면 ı お互(たが)い 서로 ı 分(わ)かり合(あ)う 서로 이해하다 ı ～ようになる ~하게 되다 ı 仲直(なかなお)り 화해 ı 更(さら)に 나아가 ı 深(ふか)まる 깊어지다 ı 気(き)がする 느낌이 들다, 생각이 들다 ı 敵(てき) 적 ı ～ぬ ~하지 않는 ı 名言(めいげん) 명언 ı ～上(うえ)で ~한 후에, ~하는 데 있어서 ı ある程度(ていど) 어느 정도

~かもしれない ~일지도 모른다 ㆍ ~を通じて ~을(를) 통해서 ㆍ 普段 평소 ㆍ 気にする 신경을 쓰다 ㆍ 役に立つ 도움이 되다 ㆍ 良し悪し 좋고 나쁨 ㆍ ~てはいけない ~해서는 안 된다

(178~180)

[정답] **178** Ⓑ **179** Ⓓ **180** Ⓐ

[해석] 일본을 방문하는 외국인이 해마다 증가하고 있는 현재 상태는 알고 있어도 구체적으로 어떤 장점이 있는지에 대해 이해하고 있는 사람은 적은 듯 하다. 일본 국민의 소비량은 앞으로 점점 저하될 것으로 보이며 그런 상황 하에서 일본 경제의 기반이 될 수 있는 게 (1)방일 외국인 관광객의 인바운드 소비이다. 또 방일 외국인 관광객의 증가는 경제효과나 금전적 소비뿐만 아니라 지역 활성화로도 이어진다. 마지막으로 방일 외국인 관광객의 증가는 국제교류의 기회도 된다. 이처럼 방일 외국인 관광객의 증가에는 많은 장점이 있는 한편 관광공해로 대표되는 단점도 존재한다. 따라서 방일 외국인이 쾌적한 여행을 즐기기 위한 환경을 정비하는 것에 더해 예상을 웃도는 인원수가 방문했을 경우에 오버투어리즘에 의한 관광공해가 발생하지 않는 수용체제를 갖추는 것도 중요하다고 말할 수 있다.

[어휘] 訪日 방일, 일본을 방문함 ㆍ 年々 해마다 ㆍ 増加する 증가하다 ㆍ 現状 현재 상태 ㆍ 具体的に 구체적으로 ㆍ メリット 장점, 이점 ㆍ ~について ~에 대해서 ㆍ 消費量 소비량 ㆍ 今後 금후, 앞으로 ㆍ どんどん 점점 ㆍ 低下 저하 ㆍ 状況 상황 ㆍ 基盤 기반 ㆍ 동사 ます형+得る ~할 수 있다 ㆍ インバウンド 인바운드, 외국인의 방일 여행 ㆍ ~だけでなく ~뿐만 아니라 ㆍ 活性化 활성화 ㆍ 繋がる 이어지다, 연결되다 ㆍ 最後に 마지막으로 ㆍ 交流 교류 ㆍ ~一方(で) ~하는 한편(으로) ㆍ 公害 공해 ㆍ デメリット 단점 ㆍ 従って 따라서 ㆍ 快適だ 쾌적하다 ㆍ 旅 여행 ㆍ 整える 갖추다, 정비하다 ㆍ ~に加え ~에 더해 ㆍ 上回る 웃돌다, 상회하다 ㆍ 訪れる 방문하다 ㆍ 場合 경우 ㆍ オーバーツーリズム 오버투어리즘, 과잉 관광 ㆍ ~による ~에 의한 ㆍ 受け入れ 받아들임, 수용 ㆍ 体勢 체제

消費税 소비세 ㆍ 増税 증세 ㆍ 中小企業 중소기업 ㆍ 支援 지원 ㆍ ~に対する ~에 대한 ㆍ 少子高齢化 저출산고령화 ㆍ 防止 방지 ㆍ 衰退 쇠퇴 ㆍ 消費財 소비재 ㆍ 輸入 수입 ㆍ 拡大 확대 ㆍ 特定 특정 ㆍ 偏り 치우침, 쏠림

(181~184)

[정답] **181** Ⓒ **182** Ⓒ **183** Ⓑ **184** Ⓒ

[해석] 우리들 일본인이 매일 먹고 있는 일식과 양식에는 어떤 특징이 있을까? 오늘은 각각의 매력에 대해 조금 소

개하고 싶다. 우선은 일식의 매력에 대해서이다. 일식은 다양하고 신선한 식재료와 색이 선명한 겉모양, 영양 균형이 뛰어난 건강한 식사 등을 특징으로 들 수 있다. 또 일식은 아이부터 노인까지 폭넓게 즐길 수 있고 고기, 생선, 대두, 채소 등 다채로운 식재료를 맛볼 수 있다. 다음은 양식인데 옛날에는 아침식사로 빵이나 수프는 생각할 수 없었지만 지금은 많은 사람들이 밥보다도 빵을 먹고 있다. 또 양식이 들어옴으로 인해 식문화도 대단히 다채로워졌다. 그 증거로 저녁 반찬에 햄버거나 새우튀김, 스파게티가 식탁에 차려질 기회도 많다. 양식도 일식과 마찬가지로 모든 연령층이 폭넓게 즐길 수 있지만 건강이라는 면으로 생각하면 일식 쪽이 (1)한 수 위일지도 모른다.

[어휘] 我々 우리들 · 日々 나날, 매일 · 特徴 특징 · それぞれ 각각 · 魅力 매력 · 多様だ 다양하다 · 鮮やかだ 선명하다 · 見た目 겉보기, 겉모양 · 栄養 영양 · バランス 균형 · 優れる 뛰어나다 · ～として ~로써 · 挙げる 들다 · お年寄り 노인 · 幅広く 폭넓게 · 大豆 대두 · 多彩だ 다채롭다 · 味わう 맛보다 · 次 다음 · ～によって ~에 의해 · 非常に 대단히, 매우 · 証拠 증거 · おかず 반찬 · ハンバーグ 햄버거 · エビフライ 새우튀김 · スパゲッティ 스파게티 · ～と同様 ~와(과) 마찬가지로 · あらゆる 모든 · 年齢層 연령층 · 一枚上手 한 수 위 · ～かもしれない ~일지도 모른다

主に 주로 · カロリー 칼로리 · 気を使う 신경을 쓰다 · 食事を抜く 식사를 거르다 · ～において ~에 있어서 · 甲乙付けがたい 우열을 가리기 힘들다 · 頭打ち 한계점 · 高嶺の花 그림의 떡 · 泣き寝入り 울다가 잠듦, 어쩔 수 없어 단념함

(185~188)

[정답] **185** Ⓒ **186** Ⓓ **187** Ⓐ **188** Ⓑ

[해석] 일본은 전국에 대략 500만대의 자동판매기가 설치되어 있는 '자판기 대국'이다. 일본에서 이 정도까지 자판기가 보급된 이유로써 좋은 치안, 자판기 옆에 놓여 있는 쓰레기통, 높은 인구밀도, 과학기술의 진화 등이 있다. 물론 일본뿐만 아니라 해외에도 자판기는 많이 존재하지만 일본과 해외의 자판기 차이로 우선 들 수 있는 게 밖에 설치되어 있는 자판기 대수이다. 일본에는 노상 도처에 있는 자판기도 해외에서는 학교나 역 안 등이 많고 (1)노상에 많이 설치되어 있는 나라는 드물다. 이것은 역시 앞서 말한 일본의 치안이 좋기 때문이라고 생각한다. 또 일본에서는 따뜻한 음료와 차가운 음료를 같은 자판기에서 구입할 수 있지만 해외에서는 통상 각각 다른 자판기에서 팔고 있다. 결제 방법에도 다소 차이가 있다. 일본에서는 현금이나 전자머니 결제가 주를 이루지만 미국의 경우에는 그것에 더해 신용카드로도 지불이 가능하다.

[어휘] およそ 대략 · 自動販売機 자동판매기 · 設置する 설치하다 · 大国 대국 · 自販機 자판기 · 普及 보급 · ゴミ箱 쓰레기통 · 人口密度 인구밀도 · 勿論 물론 · 台数 대수 · 路上 노상 · 至るところ 도처에, 가는 곳마다 · 稀 드묾, 희박함 · 前述 전술, 앞에서 말함 · ～あっての ~이(가) 있기에 가능한, ~이(가) 있고서의 · 別 다름 · 通常 통상 · 決済 결제 · 電子マネー 전자머니 · 場合 경우 · ～に加えて ~에 더하여

・クレジットカード 신용카드・支払い 지불

揉める 옥신각신하다・~か否か ~인지 아닌지

(189~192)

[정답] 189 Ⓐ 190 Ⓐ 191 Ⓑ 192 Ⓑ

[해석] 일본에 100만 명이나 존재한다고 말해지는 은둔형 외톨이. 이 숫자는 은둔형 외톨이가 가족만의 문제가 아니라 사회문제라는 것을 보여주고 있다. 그러면 어떤 원인이나 계기로 은둔형 외톨이가 시작되어 버리는 걸까? 내각부의 조사에 따르면 중년과 노년 은둔형 외톨이의 경우는 퇴직 등으로 직장에서 떠났을 때 은둔형 외톨이가 되어 버리는 사람이 다수파라고 한다. (1)한편 젊은 층의 경우에는 '직장에 스며들 수 없었다', '병', '취직 활동이 잘 되지 않았다', '등교 거부' 등이 있었는데 '직장에 스며들 수 없었다'와 '병'이 같은 비율로 1위였다. 은둔형 외톨이를 성별로 보면 남성이 76.6%로 극단적으로 많다는 것을 알 수 있다. 또 연령층은 40대 전반과 60대 전반에서 대략 반수를 차지하고 있다고 한다. 애초에 왜 은둔형 외톨이가 문제시되는 걸까? 우선 틀어박혀 있는 본인의 학습이나 친구와의 커뮤니케이션 등의 여러 가지 경험의 기회가 상실되어 버린다. 그리고 부모에 대한 과도한 생계 의존은 가정에 있어 큰 문제가 된다. 마지막으로 집에 틀어박혀 있는 것으로 근로・납세가 되지 않는 것에 따른 사회에 대한 문제점이 발생할 수 있다.

[어휘] 引きこもり 은둔형 외톨이・きっかけ 계기・内閣府 내각부・~によると ~에 의하면, ~에 따르면・中高年 중고년, 중년과 노년・多数派 다수파・一方 한편・若年層 젊은 층・馴染む 친숙해지다・うまくいく 순조롭게 가다・不登校 등교 거부・同率 동률, 같은 비율・極端に 극단적으로・年齢層 연령층・前半 전반・半数 반수・占める 점하다, 차지하다・そもそも 애초에・問題視 문제시・喪失 상실・過度 과도・~にとって ~에 있어서・納税 납세・生じる 생기다, 발생하다

妊娠 임신・あるいは 혹은・義務 의무・放棄 포기・うつ 우울증・パニック 패닉・障害 장애・予期せぬ 예기치 못한・比率 비율・~につれて ~함에 따라서・下がる 내려가다

(193~196)

[정답] 193 Ⓐ 194 Ⓓ 195 Ⓒ 196 Ⓐ

[해석] 최근 애완동물의 고령화가 진행됨(1)에 따라 새로운 문제가 발생하고 있다고 한다. 올해 4월에 실시한 전국 견묘사육실태조사에 따르면 애완동물의 고령화는 현저해지고 있는데 그 이유로는 '사육의 질 향상', '동물 의료의 발달', '환경 개선' 등이 관계되어 있다고 한다. 그러나 이와 같은 애완동물의 고령화로 여러 가지 문제

가 발생하고 있는 것도 사실이다. 우선 고령이 된 애완동물 자신에 관한 문제로써 '질병의 다양화'가 있다. 개나 고양이의 장수화에 동반해 질병이 다양화되고 있고 그러한 질병을 미연에 방지하기 위한 구조 만들기나 질병을 치료할 의료기술 개발이 과제가 되고 있다. 또 인간의 고령화가 발생하는 것과 동시에 애완동물의 고령화도 진행되어 '고령 사육자×고령 애완동물'이라는 상황이 다수 발생하고 있다. 애완동물 사육에는 어느 정도의 고생이 필요하며 고령 애완동물 사육이라면 더욱 더 그러하다. 그렇기 때문에 이대로라면 고령 사육자에 의한 사육 포기가 늘어나 버릴지도 모른다. 또 애완동물의 고령화가 사육자에게 주는 또 하나의 영향이 '펫로스'이다. 애완동물의 수명이 늘어나는 것은 사육자에게 있어 행복한 일이지만 그 한편으로 오랫동안 생활을 함께 한 것으로 인해 애완동물을 잃었을 때의 슬픔은 강하게 나타나 버린다. 슬픔이 심해지면 '펫로스증후군'이라는 심리적, 신체적인 질병에 걸려 버리는 경우도 있다고 한다.

[어휘] 高齢化 고령화 । 飼育 사육 । 実態 실태 । 顕著に 현저히 । ~に関する ~에 관한 । 疾病 질병 । 多様化 다양화 । 長寿命化 장수화 । ~に伴って ~에 동반해 । 未然に 미연에 । 防ぐ 막다, 방지하다 । 仕組み作り 구조 만들기 । 尚更 더욱 더 । それ故 그렇기 때문에 । 동사 ます형+かねない ~일지도 모른다 । 与える 주다 । ペットロス 펫로스, 애완동물로 인한 상실감 । 寿命 수명 । 延びる 늘어나다 । ~にとって ~에 있어서 । その一方で 그 한편으로 । 共にする 함께 하다 । 症候群 증후군

~にもまして ~보다 더 । ~にかかわらず ~에 관계없이 । ~をものともせず ~을(를) 아랑곳하지 않고 । 大幅だ 대폭적이다 । 認識 인식 । 改善 개선 । 年々 해마다 । ~に伴って ~에 동반해 । ほとんど 거의, 대부분 । 克服する 극복하다 । ~ようになる ~하게 되다 । 徐々に 서서히

(197~200)

[정답] 197 Ⓓ 198 Ⓑ 199 Ⓑ 200 Ⓓ

[해석] 대기아동문제가 주목받기 시작한 것은 최근 몇 년 사이이지만 이전부터 이 문제는 계속 수면 아래에 있었다고 말할 수 있다. 이 문제에 대해서는 여러 가지 원인이 서로 겹쳐 있기 때문에 간단히는 해결할 수 없다고 생각하지만 내 나름대로 몇 가지 원인과 해결책에 대해 생각해 봤다. 지금 일본에서는 경제 불황으로 남성뿐만 아니라 여성도 일하는 세대가 많아져 (1)필연적으로 아동을 맡길 곳이 필요해졌다. 또한 일도 풍부하고 사는 데에도 편리한 도심에 사람이 모이는 것도 원인의 하나라고 말할 수 있다. 마지막으로 옛날의 대가족과는 달리 아버지, 어머니, 아이만의 핵가족이 점점 늘어나고 있는 것도 큰 원인일 것이다. 그러면 대기아동문제의 구체적인 해결책으로 다음과 같은 것을 제안하고 싶다. 우선 개인이 할 수 있는 방법으로는 대기아동문제가 특히 현저한 자치단체를 피해 대기아동이 적은 곳으로 이사하는 방법이다. 그리고 기업 측이 할 수 있는 방법으로는 사업소 내에 보육소를 개설하거나 단시간근무제도나 재택근무와 같은 유연한 일하는 방식을 준비해 육아세대를 배려한 환경을 정비하는 것 등을 들 수 있다.

[어휘] 待機(たいき) 대기 | 児童(じどう) 아동 | ここ数年(すうねん) 최근 몇 년 | 水面下(すいめんか) 수면 아래 | 重(かさ)なり合(あ)う 서로 겹치다 | ~なり ~나름대로 | 解決策(かいけつさく) 해결책 | 不況(ふきょう) 불황 | ~のみならず ~뿐만 아니라 | 必然的(ひつぜんてき)に 필연적으로 | 預(あず)かる 맡다 | 豊富(ほうふ)だ 풍부하다 | ~のみ ~만, ~뿐 | 核家族(かくかぞく) 핵가족 | 具体的(ぐたいてき) 구체적 | 自治体(じちたい) 자치단체 | 避(さ)ける 피하다 | 保育所(ほいくしょ) 보육소 | 開設(かいせつ)する 개설하다 | 柔軟(じゅうなん)だ 유연하다 | 配慮(はいりょ) 배려 | 整(ととの)える 갖추다, 정비하다

急激(きゅうげき)に 급격하게 | 家計(かけい) 가계 | 支出(ししゅつ) 지출 | 大幅(おおはば)に 대폭적으로 | 薄(うす)れる 희박해지다 | 保育士(ほいくし) 보육사 | 介入(かいにゅう) 개입

MEMO

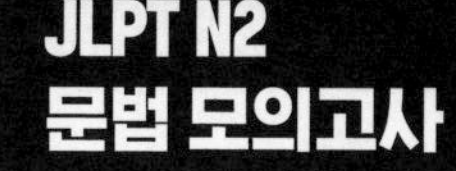

にほんごのうりょくしけん　かいとうようし

N2

げんごちしき（ぶんぽう）

じゅけんばんごう Examinee Registration Number		なまえ Name	

<ちゅうい Notes>

1. くろい　えんぴつ(HB、No.2)で　かいて　ください。
(ペンや　ボールペンでは　かかないで　ください。)
Use a black medium soft (HB or No.2) pencil.
(Do not use any kind of pen.)
2. かきなおす　ときは、けしゴムで　きれいに　けして　ください。
Erase any unintended marks completely.
3. きたなく　したり、おったり　しないで　ください。
Do not soil or bend this sheet.
4. マークれい Marking examples

よい　れい Correct Example	わるい　れい Incorrect Examples
●	◌ ◯ ◌ ◎ ◌ ◌ ◌

ぶんぽう

問題7		問題8		問題9	
1	① ② ③ ④	1	① ② ③ ④	1	① ② ③ ④
2	① ② ③ ④	2	① ② ③ ④	2	① ② ③ ④
3	① ② ③ ④	3	① ② ③ ④	3	① ② ③ ④
4	① ② ③ ④	4	① ② ③ ④	4	① ② ③ ④
5	① ② ③ ④	5	① ② ③ ④	5	① ② ③ ④
7	① ② ③ ④				
8	① ② ③ ④				
9	① ② ③ ④				
10	① ② ③ ④				
11	① ② ③ ④				
12	① ② ③ ④				

にほんごのうりょくしけん　かいとうようし

N2

げんごちしき（ぶんぽう）

じゅけんばんごう Examinee Registration Number	

なまえ Name	

<ちゅうい Notes>

1. くろい　えんぴつ(HB、No.2)で　かいて　ください。
 (ペンや　ボールペンでは　かかないで　ください。)
 Use a black medium soft (HB or No.2) pencil.
 (Do not use any kind of pen.)
2. かきなおす　ときは、けしゴムで　きれいに　けして　ください。
 Erase any unintended marks completely.
3. きたなく　したり、おったり　しないで　ください。
 Do not soil or bend this sheet.
4. マークれい Marking examples

よい　れい Correct Example	わるい　れい Incorrect Examples
●	⊖ ◯ ⊝ ◎ ⊗ ◐ ●

ぶんぽう

問題7				
1	①	②	③	④
2	①	②	③	④
3	①	②	③	④
4	①	②	③	④
5	①	②	③	④
7	①	②	③	④
8	①	②	③	④
9	①	②	③	④
10	①	②	③	④
11	①	②	③	④
12	①	②	③	④

問題8				
1	①	②	③	④
2	①	②	③	④
3	①	②	③	④
4	①	②	③	④
5	①	②	③	④

問題9				
1	①	②	③	④
2	①	②	③	④
3	①	②	③	④
4	①	②	③	④
5	①	②	③	④

にほんごのうりょくしけん　かいとうようし

N1

げんごちしき（ぶんぽう）

じゅけんばんごう Examinee Registration Number		なまえ Name	

<ちゅうい Notes>

1. くろい　えんぴつ(HB、No.2)で　かいて　ください。
   (ペンや　ボールペンでは　かかないで　ください。)
   Use a black medium soft (HB or No.2) pencil.
   (Do not use any kind of pen.)
2. かきなおす　ときは、けしゴムで　きれいに　けして　ください。
   Erase any unintended marks completely.
3. きたなく　したり、おったり　しないで　ください。
   Do not soil or bend this sheet.
4. マークれい Marking examples

よい　れい Correct Example	わるい　れい Incorrect Examples
●	◯◯◯◯◯◯◯

ぶんぽう

問題5				
1	①	②	③	④
2	①	②	③	④
3	①	②	③	④
4	①	②	③	④
5	①	②	③	④
7	①	②	③	④
8	①	②	③	④
9	①	②	③	④
10	①	②	③	④

問題6				
1	①	②	③	④
2	①	②	③	④
3	①	②	③	④
4	①	②	③	④
5	①	②	③	④

問題7				
1	①	②	③	④
2	①	②	③	④
3	①	②	③	④
4	①	②	③	④
5	①	②	③	④

にほんごのうりょくしけん　かいとうようし

N1

げんごちしき（ぶんぽう）

じゅけんばんごう Examinee Registration Number	

なまえ Name	

<ちゅうい Notes>

1. くろい　えんぴつ(HB、No.2)で　かいて　ください。(ペンや　ボールペンでは　かかないで　ください。)
   Use a black medium soft (HB or No.2) pencil.
   (Do not use any kind of pen.)
2. かきなおす　ときは、けしゴムで　きれいに　けして　ください。
   Erase any unintended marks completely.
3. きたなく　したり、おったり　しないで　ください。
   Do not soil or bend this sheet.
4. マークれい Marking examples

よい　れい Correct Example	わるい　れい Incorrect Examples
●	⊖ ◯ ◎ ⊚ ⊗ ◐ ●

ぶんぽう

問題5				
1	①	②	③	④
2	①	②	③	④
3	①	②	③	④
4	①	②	③	④
5	①	②	③	④
7	①	②	③	④
8	①	②	③	④
9	①	②	③	④
10	①	②	③	④

問題6				
1	①	②	③	④
2	①	②	③	④
3	①	②	③	④
4	①	②	③	④
5	①	②	③	④

問題7				
1	①	②	③	④
2	①	②	③	④
3	①	②	③	④
4	①	②	③	④
5	①	②	③	④

解答用紙

氏名	

点数	

読解									
No.	ANSWER	No.	ANSWER	No.	ANSWER	No.	ANSWER	No.	ANSWER
101	Ⓐ Ⓑ Ⓒ Ⓓ	121	Ⓐ Ⓑ Ⓒ Ⓓ	141	Ⓐ Ⓑ Ⓒ Ⓓ	161	Ⓐ Ⓑ Ⓒ Ⓓ	181	Ⓐ Ⓑ Ⓒ Ⓓ
102	Ⓐ Ⓑ Ⓒ Ⓓ	122	Ⓐ Ⓑ Ⓒ Ⓓ	142	Ⓐ Ⓑ Ⓒ Ⓓ	162	Ⓐ Ⓑ Ⓒ Ⓓ	182	Ⓐ Ⓑ Ⓒ Ⓓ
103	Ⓐ Ⓑ Ⓒ Ⓓ	123	Ⓐ Ⓑ Ⓒ Ⓓ	143	Ⓐ Ⓑ Ⓒ Ⓓ	163	Ⓐ Ⓑ Ⓒ Ⓓ	183	Ⓐ Ⓑ Ⓒ Ⓓ
104	Ⓐ Ⓑ Ⓒ Ⓓ	124	Ⓐ Ⓑ Ⓒ Ⓓ	144	Ⓐ Ⓑ Ⓒ Ⓓ	164	Ⓐ Ⓑ Ⓒ Ⓓ	184	Ⓐ Ⓑ Ⓒ Ⓓ
105	Ⓐ Ⓑ Ⓒ Ⓓ	125	Ⓐ Ⓑ Ⓒ Ⓓ	145	Ⓐ Ⓑ Ⓒ Ⓓ	165	Ⓐ Ⓑ Ⓒ Ⓓ	185	Ⓐ Ⓑ Ⓒ Ⓓ
106	Ⓐ Ⓑ Ⓒ Ⓓ	126	Ⓐ Ⓑ Ⓒ Ⓓ	146	Ⓐ Ⓑ Ⓒ Ⓓ	166	Ⓐ Ⓑ Ⓒ Ⓓ	186	Ⓐ Ⓑ Ⓒ Ⓓ
107	Ⓐ Ⓑ Ⓒ Ⓓ	127	Ⓐ Ⓑ Ⓒ Ⓓ	147	Ⓐ Ⓑ Ⓒ Ⓓ	167	Ⓐ Ⓑ Ⓒ Ⓓ	187	Ⓐ Ⓑ Ⓒ Ⓓ
108	Ⓐ Ⓑ Ⓒ Ⓓ	128	Ⓐ Ⓑ Ⓒ Ⓓ	148	Ⓐ Ⓑ Ⓒ Ⓓ	168	Ⓐ Ⓑ Ⓒ Ⓓ	188	Ⓐ Ⓑ Ⓒ Ⓓ
109	Ⓐ Ⓑ Ⓒ Ⓓ	129	Ⓐ Ⓑ Ⓒ Ⓓ	149	Ⓐ Ⓑ Ⓒ Ⓓ	169	Ⓐ Ⓑ Ⓒ Ⓓ	189	Ⓐ Ⓑ Ⓒ Ⓓ
110	Ⓐ Ⓑ Ⓒ Ⓓ	130	Ⓐ Ⓑ Ⓒ Ⓓ	150	Ⓐ Ⓑ Ⓒ Ⓓ	170	Ⓐ Ⓑ Ⓒ Ⓓ	190	Ⓐ Ⓑ Ⓒ Ⓓ
111	Ⓐ Ⓑ Ⓒ Ⓓ	131	Ⓐ Ⓑ Ⓒ Ⓓ	151	Ⓐ Ⓑ Ⓒ Ⓓ	171	Ⓐ Ⓑ Ⓒ Ⓓ	191	Ⓐ Ⓑ Ⓒ Ⓓ
112	Ⓐ Ⓑ Ⓒ Ⓓ	132	Ⓐ Ⓑ Ⓒ Ⓓ	152	Ⓐ Ⓑ Ⓒ Ⓓ	172	Ⓐ Ⓑ Ⓒ Ⓓ	192	Ⓐ Ⓑ Ⓒ Ⓓ
113	Ⓐ Ⓑ Ⓒ Ⓓ	133	Ⓐ Ⓑ Ⓒ Ⓓ	153	Ⓐ Ⓑ Ⓒ Ⓓ	173	Ⓐ Ⓑ Ⓒ Ⓓ	193	Ⓐ Ⓑ Ⓒ Ⓓ
114	Ⓐ Ⓑ Ⓒ Ⓓ	134	Ⓐ Ⓑ Ⓒ Ⓓ	154	Ⓐ Ⓑ Ⓒ Ⓓ	174	Ⓐ Ⓑ Ⓒ Ⓓ	194	Ⓐ Ⓑ Ⓒ Ⓓ
115	Ⓐ Ⓑ Ⓒ Ⓓ	135	Ⓐ Ⓑ Ⓒ Ⓓ	155	Ⓐ Ⓑ Ⓒ Ⓓ	175	Ⓐ Ⓑ Ⓒ Ⓓ	195	Ⓐ Ⓑ Ⓒ Ⓓ
116	Ⓐ Ⓑ Ⓒ Ⓓ	136	Ⓐ Ⓑ Ⓒ Ⓓ	156	Ⓐ Ⓑ Ⓒ Ⓓ	176	Ⓐ Ⓑ Ⓒ Ⓓ	196	Ⓐ Ⓑ Ⓒ Ⓓ
117	Ⓐ Ⓑ Ⓒ Ⓓ	137	Ⓐ Ⓑ Ⓒ Ⓓ	157	Ⓐ Ⓑ Ⓒ Ⓓ	177	Ⓐ Ⓑ Ⓒ Ⓓ	197	Ⓐ Ⓑ Ⓒ Ⓓ
118	Ⓐ Ⓑ Ⓒ Ⓓ	138	Ⓐ Ⓑ Ⓒ Ⓓ	158	Ⓐ Ⓑ Ⓒ Ⓓ	178	Ⓐ Ⓑ Ⓒ Ⓓ	198	Ⓐ Ⓑ Ⓒ Ⓓ
119	Ⓐ Ⓑ Ⓒ Ⓓ	139	Ⓐ Ⓑ Ⓒ Ⓓ	159	Ⓐ Ⓑ Ⓒ Ⓓ	179	Ⓐ Ⓑ Ⓒ Ⓓ	199	Ⓐ Ⓑ Ⓒ Ⓓ
120	Ⓐ Ⓑ Ⓒ Ⓓ	140	Ⓐ Ⓑ Ⓒ Ⓓ	160	Ⓐ Ⓑ Ⓒ Ⓓ	180	Ⓐ Ⓑ Ⓒ Ⓓ	200	Ⓐ Ⓑ Ⓒ Ⓓ

解答用紙

氏名	

点数	

読解									
No.	ANSWER	No.	ANSWER	No.	ANSWER	No.	ANSWER	No.	ANSWER
101	Ⓐ Ⓑ Ⓒ Ⓓ	121	Ⓐ Ⓑ Ⓒ Ⓓ	141	Ⓐ Ⓑ Ⓒ Ⓓ	161	Ⓐ Ⓑ Ⓒ Ⓓ	181	Ⓐ Ⓑ Ⓒ Ⓓ
102	Ⓐ Ⓑ Ⓒ Ⓓ	122	Ⓐ Ⓑ Ⓒ Ⓓ	142	Ⓐ Ⓑ Ⓒ Ⓓ	162	Ⓐ Ⓑ Ⓒ Ⓓ	182	Ⓐ Ⓑ Ⓒ Ⓓ
103	Ⓐ Ⓑ Ⓒ Ⓓ	123	Ⓐ Ⓑ Ⓒ Ⓓ	143	Ⓐ Ⓑ Ⓒ Ⓓ	163	Ⓐ Ⓑ Ⓒ Ⓓ	183	Ⓐ Ⓑ Ⓒ Ⓓ
104	Ⓐ Ⓑ Ⓒ Ⓓ	124	Ⓐ Ⓑ Ⓒ Ⓓ	144	Ⓐ Ⓑ Ⓒ Ⓓ	164	Ⓐ Ⓑ Ⓒ Ⓓ	184	Ⓐ Ⓑ Ⓒ Ⓓ
105	Ⓐ Ⓑ Ⓒ Ⓓ	125	Ⓐ Ⓑ Ⓒ Ⓓ	145	Ⓐ Ⓑ Ⓒ Ⓓ	165	Ⓐ Ⓑ Ⓒ Ⓓ	185	Ⓐ Ⓑ Ⓒ Ⓓ
106	Ⓐ Ⓑ Ⓒ Ⓓ	126	Ⓐ Ⓑ Ⓒ Ⓓ	146	Ⓐ Ⓑ Ⓒ Ⓓ	166	Ⓐ Ⓑ Ⓒ Ⓓ	186	Ⓐ Ⓑ Ⓒ Ⓓ
107	Ⓐ Ⓑ Ⓒ Ⓓ	127	Ⓐ Ⓑ Ⓒ Ⓓ	147	Ⓐ Ⓑ Ⓒ Ⓓ	167	Ⓐ Ⓑ Ⓒ Ⓓ	187	Ⓐ Ⓑ Ⓒ Ⓓ
108	Ⓐ Ⓑ Ⓒ Ⓓ	128	Ⓐ Ⓑ Ⓒ Ⓓ	148	Ⓐ Ⓑ Ⓒ Ⓓ	168	Ⓐ Ⓑ Ⓒ Ⓓ	188	Ⓐ Ⓑ Ⓒ Ⓓ
109	Ⓐ Ⓑ Ⓒ Ⓓ	129	Ⓐ Ⓑ Ⓒ Ⓓ	149	Ⓐ Ⓑ Ⓒ Ⓓ	169	Ⓐ Ⓑ Ⓒ Ⓓ	189	Ⓐ Ⓑ Ⓒ Ⓓ
110	Ⓐ Ⓑ Ⓒ Ⓓ	130	Ⓐ Ⓑ Ⓒ Ⓓ	150	Ⓐ Ⓑ Ⓒ Ⓓ	170	Ⓐ Ⓑ Ⓒ Ⓓ	190	Ⓐ Ⓑ Ⓒ Ⓓ
111	Ⓐ Ⓑ Ⓒ Ⓓ	131	Ⓐ Ⓑ Ⓒ Ⓓ	151	Ⓐ Ⓑ Ⓒ Ⓓ	171	Ⓐ Ⓑ Ⓒ Ⓓ	191	Ⓐ Ⓑ Ⓒ Ⓓ
112	Ⓐ Ⓑ Ⓒ Ⓓ	132	Ⓐ Ⓑ Ⓒ Ⓓ	152	Ⓐ Ⓑ Ⓒ Ⓓ	172	Ⓐ Ⓑ Ⓒ Ⓓ	192	Ⓐ Ⓑ Ⓒ Ⓓ
113	Ⓐ Ⓑ Ⓒ Ⓓ	133	Ⓐ Ⓑ Ⓒ Ⓓ	153	Ⓐ Ⓑ Ⓒ Ⓓ	173	Ⓐ Ⓑ Ⓒ Ⓓ	193	Ⓐ Ⓑ Ⓒ Ⓓ
114	Ⓐ Ⓑ Ⓒ Ⓓ	134	Ⓐ Ⓑ Ⓒ Ⓓ	154	Ⓐ Ⓑ Ⓒ Ⓓ	174	Ⓐ Ⓑ Ⓒ Ⓓ	194	Ⓐ Ⓑ Ⓒ Ⓓ
115	Ⓐ Ⓑ Ⓒ Ⓓ	135	Ⓐ Ⓑ Ⓒ Ⓓ	155	Ⓐ Ⓑ Ⓒ Ⓓ	175	Ⓐ Ⓑ Ⓒ Ⓓ	195	Ⓐ Ⓑ Ⓒ Ⓓ
116	Ⓐ Ⓑ Ⓒ Ⓓ	136	Ⓐ Ⓑ Ⓒ Ⓓ	156	Ⓐ Ⓑ Ⓒ Ⓓ	176	Ⓐ Ⓑ Ⓒ Ⓓ	196	Ⓐ Ⓑ Ⓒ Ⓓ
117	Ⓐ Ⓑ Ⓒ Ⓓ	137	Ⓐ Ⓑ Ⓒ Ⓓ	157	Ⓐ Ⓑ Ⓒ Ⓓ	177	Ⓐ Ⓑ Ⓒ Ⓓ	197	Ⓐ Ⓑ Ⓒ Ⓓ
118	Ⓐ Ⓑ Ⓒ Ⓓ	138	Ⓐ Ⓑ Ⓒ Ⓓ	158	Ⓐ Ⓑ Ⓒ Ⓓ	178	Ⓐ Ⓑ Ⓒ Ⓓ	198	Ⓐ Ⓑ Ⓒ Ⓓ
119	Ⓐ Ⓑ Ⓒ Ⓓ	139	Ⓐ Ⓑ Ⓒ Ⓓ	159	Ⓐ Ⓑ Ⓒ Ⓓ	179	Ⓐ Ⓑ Ⓒ Ⓓ	199	Ⓐ Ⓑ Ⓒ Ⓓ
120	Ⓐ Ⓑ Ⓒ Ⓓ	140	Ⓐ Ⓑ Ⓒ Ⓓ	160	Ⓐ Ⓑ Ⓒ Ⓓ	180	Ⓐ Ⓑ Ⓒ Ⓓ	200	Ⓐ Ⓑ Ⓒ Ⓓ